JN313196

企業不正対応の実務
Q&A

Association of Certified Fraud Examiners Japan

八田進二 ●監修
一般社団法人日本公認不正検査士協会 ●編
ACFE JAPAN

同文舘出版

監修者まえがき

　健全な経済社会を構築し、継続的な発展と繁栄を図るためには、すべての関係者が自らの役割と責任を誠実に履行することが求められています。しかしながら、シェークスピアの代表作『ハムレット』の一節を引用するまでもなく、まさに「『弱き者よ、汝の名は』人間(ひと)である」と言い換えることができるほどに、われわれ人間はさまざまな側面において、不正リスクに晒されており、現実問題として、不正に手を染める者は後を絶たないというのが実際のところです。と同時に、不正の問題は、時を超えて、また、国を超えて、あらゆる場面において止まることはなく、その種類ないしはスキームにおいても、多様性がよりいっそう増してきているのです。

　ところで、わが国の場合、ほとんどの組織において、その構成員に対して全幅の信頼性を保持していることからか、そもそも彼らが不正を犯すのではないかといった視点での対応策を講じる必要性を感じてこなかったのです。そのため、不幸にも、不正が発覚した場合には、当該組織の責任者は、「あってはならないことが起きてしまった」とか「まさか、彼（ないしは彼女）が不正を犯すとは、いまだに信じられない」といった台詞を口にするのが常なのであります。しかし、こうした不正が、社会性および公共性の高い組織ないしは企業等において露呈した場合には、不正行為者や組織の責任者に対する制裁のみで事が済むわけではありません。そうではなく、当該組織全体に対する不信感が社会全体から寄せられることで、当該組織の業務遂行を著しく困難にさせてしまうのです。具体的に製品を供給する企業の場合には、当該製品に対する不買運動となり、あるいは、結果として業績不振が深刻となって企業破綻に結びつくこともありうるのです。

　そのため、「不正は社会の悪である」との毅然たる視点をすべての関係者がもつためにも、不正に手を染めてしまう環境を排除したり、不正の内容等について正しい知識を有することが求められているのです。

そこで、本書では、不正を巡るあらゆる領域のテーマを取り上げ、これを「Ⅰ章　不正に関する基礎知識」「Ⅱ章　不正の種類とスキーム」「Ⅲ章　不正調査」「Ⅳ章　不正防止のポイント（まとめ）」の4章に分類するとともに、すべてについて「Q&A」方式での解説を施すことで、いずれの立場の方たちにとっても役立つよう配慮しております。また、執筆にあたっては、こうした不正問題に対しての専門家12名が参画しており、不正の防止ないしは抑止に向けた最新かつ最適な教材となっているものと確信しています。というのも、執筆者のほとんどが、1988年に米国で設立された公認不正検査士協会（ACFE）の会員であり、まさに、不正に関するスペシャリストの手による書籍であるからです。こうした書籍は、わが国には類書もないことから、多くの読者の支持が得られることを祈念いたします。

　なお、本書の企画の段階から刊行に至るまでの、ACFE JAPANを統括する㈱ディー・クエスト代表取締役脇山太介氏および同社の皆様の献身的な努力に対して心より敬意を表したいと思います。

　また、厳しい出版事情のなかで、本書刊行の意義をお汲み取りいただき、温かく応援してくださった同文舘出版の中島治久社長と、専門書編集部の青柳裕之氏ならびに大関温子氏に心よりお礼を申し上げる次第です。

　　2011年9月

　　　　　　　　　　　　　　不正のない公正な社会の構築を願って
　　　　　　　　　　　　　　　　　　　　　　　　　　八田進二

発刊にあたって

　コンプライアンスに対する社会的要請の厳格化、「会社法」などの法整備により、内部統制システムの強化は、経営者が果たすべき重要な責任として明確化されました。内部統制とは、誠実かつ効率的に業務を進めるために組織構成員によって遂行されるプロセスであり、IT活用を含めたシステムの構築と捉えがちです。しかし、いかに精緻な内部統制システムであっても、これを運用する「人」の意識、あるいはそれを取り巻く経営環境が整備されていなければ、不正防止への実効性は限られたものとなります。

　不正には常に人間の意図が介在し、不正リスク対策を難しくしています。内部統制システムの実効性を高めるためには、そのシステムが企業を取り巻く経営環境と適合している必要があるのです。

　ACFE（Association of Certified Fraud Examiners）の創始者であるジョセフ・T・ウェルズは、その著書において、「不正は動機と機会が織り成す複雑な行為である」と述べています。不正な行為を起こしてしまう衝動は、誰にでも生じるものであり、組織において不正をゼロにすることはできません。不正行為を抑止するための内部統制システムも、たとえ何重の整備をしても、不正リスクは不正実行者本人の主観、所謂感じ方に左右されるため、実行者本人が体制はまだ甘いと感じているかぎり、「機会」は抑止されないのです。つまり不正リスクに対しては、「人はなぜ不正を犯すのか」という人的要因による感度を高める必要があるのです。不正リスクについて検討する場合は、不正実行者の立場に立って、その者が不正リスクについてどのように感じているか、という観点から検討を加えていかなければならないのです。

　本書は不正対策に関する実務書として、一般社団法人日本公認不正検査士協会（ACFE JAPAN）の役員を中心とする不正対策の専門家によるわかりやすい解説書として企画されたものです。1988年に米国で設立されたACFEは、不正対策分野における世界のリーダーとして、世界150カ国に

およそ5万6千人の会員を擁しており、世界最先端の知識と実践的な問題解決策の提供を通じて、世界中の組織内の不正防止・早期発見に取り組んでいます。本書は、その日本の機関としての一般社団法人日本公認不正検査士協会が不正対策の実務書として刊行するものです。

　本書の構成は、不正とは何かという不正に関する基礎知識の解説から始まり、不正の種類とスキームあるいは実際に不正事案に対応する際に必要な不正調査に関する法律や、調査テクニック、また、証拠の収集や報告書のまとめ方、不正防止のポイントなどをQ&Aの形で解説していますので、どこから読んでも要点がつかめるような構成になっています。

　本書が、現在、不正対策を担当されている方々やこれから不正対策に携わろうとする方々、あるいは企業経営者やさまざまな法人等の役員の方々をはじめとしてコンプライアンスに対する責任を担う方々にとって、少しでもお役にたつことができれば望外の喜びです。

　最後になりましたが、本書の出版は、青山学院大学大学院会計プロフェッション研究科長の八田進二教授のお勧めによって企画されたもので、あわせて監修もしていただきました。執筆にあたっては、ACFE JAPANの理事・監事をはじめ会員等の専門家のご協力を得てそれぞれの専門分野について分担執筆いたしました。多くの執筆者の原稿の取りまとめや校正等に関しては、ACFE JAPAN事務局である㈱ディー・クエストの西島和代氏が支えてくれました。また、発刊に際しては、同文舘出版株式会社の中島治久社長と、専門書編集部の青柳裕之氏ならびに大関温子氏に格別のご高配を賜りました。

　上記の皆様はじめ多くの方々のご尽力なくしては本書の発刊は実現できなかったと思います。関係各位に心より感謝申し上げる次第です。

2011年9月

　　　　　　　　　　　　　　　一般社団法人日本公認不正検査士協会理事長
　　　　　　　　　　　　　　　　　　安冨　潔

【執筆者】

安冨　潔　　慶應義塾大学大学院法務研究科教授、弁護士、公認不正検査士
　　　　　　一般社団法人 日本公認不正検査士協会理事長

脇山　太介　㈱ディー・クエスト代表取締役、公認不正検査士
　　　　　　一般社団法人 日本公認不正検査士協会副理事長

甘粕　潔　　インタクト・コンサルティング代表、公認不正検査士
　　　　　　一般社団法人 日本公認不正検査士協会理事

小川　真人　ACEコンサルティング㈱代表取締役、公認会計士、
　　　　　　公認不正検査士、一般社団法人 日本公認不正検査士協会理事

奥田　保　　元東京高等裁判所判事、奥田総合法律事務所、弁護士
　　　　　　一般社団法人 日本公認不正検査士協会理事

濱田眞樹人　ハリー・ウィンストン・ジャパン㈱代表取締役、USCPA、
　　　　　　公認不正検査士、一般社団法人 日本公認不正検査士協会理事

藤本　哲也　中央大学名誉教授、常磐大学大学院被害者学研究科教授、
　　　　　　犯罪学博士、一般社団法人 日本公認不正検査士協会理事

山口　利昭　山口利昭法律事務所、弁護士、公認不正検査士
　　　　　　一般社団法人 日本公認不正検査士協会理事

山田　善隆　京都監査法人パートナー、公認会計士、公認不正検査士
　　　　　　一般社団法人 日本公認不正検査士協会理事

金田　勇　　金田公認会計士事務所、公認会計士、公認不正検査士
　　　　　　一般社団法人 日本公認不正検査士協会監事

木曽　裕　　北浜法律事務所・外国法共同事業、弁護士、公認不正検査士
　　　　　　〈執筆協力〉北浜法律事務所・外国共同事業
　　　　　　川口久美子（弁護士、公認不正検査士）、**岡田徹**（弁護士）、
　　　　　　市橋隆昌（弁護士）、**山口要介**（弁護士）

平岡　哲夫　㈱ピーシーキッド代表取締役、公認不正検査士

凡　例

〔判例〕

大判	大審院判決
最判	最高裁判所判決
最決	最高裁判所決定
東京高判	東京高等裁判所判決
大阪高判	大阪高等裁判所判決
札幌高判	札幌高等裁判所判決
東京地判	東京地方裁判所判決
京都地判	京都地方裁判所判決

〔判例集・判例評釈書誌〕

民集	最高裁判所民事判例集
刑集	最高裁判所刑事判例集
裁時	裁判所時報
判時	判例時報
判タ	判例タイムズ
労判	労働判例

目 次

I章　不正に関する基礎知識

- *Q 1* 不正とは何ですか？また、なぜ不正が起きるのですか？ ……………… 2
- *Q 2* アルブレヒトが研究した「不正を犯す個人・組織の特徴」
  について教えて下さい。 …………………………………………………… 6
- *Q 3* アメリカの代表的不正事例
  （エンロン、ワールドコム）について教えて下さい。 ………………… 10
- *Q 4* 日本の代表的不正事例
  （西武鉄道、カネボウ）について教えて下さい。 ……………………… 12
- *Q 5* COSOフレームワークとは何ですか？ …………………………………… 14
- *Q 6* US-SOX、SAS99について教えて下さい。 ……………………………… 16
- *Q 7* J-SOX、金融商品取引法について教えて下さい。 ……………………… 18
- *Q 8* コンプライアンスとは何ですか？ ………………………………………… 20
- *Q 9* 内部統制とは何ですか？ …………………………………………………… 22
- *Q10* コーポレート・ガバナンスとは何ですか？ …………………………… 24
- *Q11* CSRとは何ですか？ ………………………………………………………… 26
- *Q12* 企業倫理とは何ですか？ …………………………………………………… 28
- *Q13* ホワイトカラー犯罪とは何ですか？ …………………………………… 32
- *Q14* 組織体犯罪とは何ですか？ ………………………………………………… 34

II章　不正の種類とスキーム

1．企業財務にかかわる不正

- *Q15* 不正の体系図「フロード・ツリー」とは何ですか？ ………………… 38
- *Q16* 財務諸表における不正とは何ですか？ ………………………………… 40
- *Q17* 財務諸表における不正が起こる兆候はありますか？ ………………… 42
- *Q18* 財務諸表における不正により、
  財務諸表にどのような影響があるか教えて下さい。 ………………… 44
- *Q19* 資産の不正流用とは何ですか？ ………………………………………… 46

Q20	スキミングとはどんな手口ですか？	**48**
Q21	ラッピングとはどんな手口ですか？	**50**
Q22	ラーセニーとはどんな手口ですか？	**52**
Q23	クレジットカードや小切手に関する不正には どのような手法がありますか？	**54**
Q24	循環取引とはどのような取引ですか？ 架空循環取引にはどのような問題がありますか？	**58**
Q25	資産横領にかかわる不正スキームには、 どのような種類がありますか？	**62**
Q26	不正支出とは何ですか？ また、不正支出にはどのような種類がありますか？	**64**
Q27	契約および調達に関する不正には何がありますか？	**68**
Q28	知的財産権とは何ですか？ 知的財産権の不正流用はどのように行われますか？	**70**
Q29	賄賂とは何ですか？ また、どのような罰則の対象となりますか？	**72**
Q30	リベートとは何ですか？ また、どのような罰則の対象となりますか？	**74**
Q31	談合とは何ですか？ また、どのような罰則の対象となりますか？	**76**
Q32	破産不正とは何ですか？	**78**
Q33	税務不正とは何ですか？	**80**

2．企業財務以外の不正

Q34	コンピュータやインターネット上での不正には 何がありますか？	**82**
Q35	マネー・ローンダリングとは何ですか？ また、どのような罰則の対象となりますか？	**84**
Q36	インサイダー取引とは何ですか？ また、どのような罰則の対象となりますか？	**86**

3. 業種特有の不正

- Q37　金融機関における不正にはどのようなものがありますか？ ……… 88
- Q38　保険金不正にはどのようなものがありますか？ ……………………… 90
- Q39　医療不正にはどのようなものがありますか？ ……………………… 92
- Q40　消費者不正とは何ですか？ ……………………………………………… 94
- Q41　公共機関における不正にはどのような種類がありますか？ ……… 96

Ⅲ章　不正調査

1. 不正に係る法律・罪名・処分

- Q42　個人情報保護法とは何ですか？ ……………………………………… 100
- Q43　公益通報者保護法とは何ですか？ …………………………………… 102
- Q44　民事事件と刑事事件の違いについて教えて下さい。 ……………… 104
- Q45　たとえば、会社の備品を持ち帰った場合、窃盗罪になりますか？ …………………………………………………… 106
- Q46　取引先に間違った情報を提供したことによって損失を与えた場合、詐欺罪になりますか？ ……………………… 108
- Q47　横領罪と背任罪の違いについて教えて下さい。 …………………… 110
- Q48　公文書偽造・虚偽公文書作成罪について教えて下さい。 ………… 112
- Q49　私文書偽造罪について教えて下さい。 ……………………………… 114
- Q50　有価証券偽造罪について教えて下さい。 …………………………… 116
- Q51　公正証書原本不実記載罪について教えて下さい。 ………………… 118
- Q52　事実無根の情報をネット上に投稿され、それが原因で売上が落ちた場合、業務妨害罪で訴えることはできますか？ …………… 120
- Q53　懲戒処分における法律上の原則と制限について教えて下さい。 ……………………………………………………………… 122
- Q54　名誉毀損罪とは何ですか？不正調査において、無実の従業員に対して疑いをかけた場合、名誉毀損で訴えられますか？ ………… 124
- Q55　不正調査における肖像権および個人情報保護法上の留意点を教えて下さい。 ……………………………………………… 126
- Q56　不正調査を行うにあたって、従業員に関する個人情報の入手はどの程度まで認められますか？ ………………………………… 128

- Q57 行動調査を実施する場合に、疑惑のある従業員を追尾しながら証拠写真を撮ることは、肖像権の侵害に該当しますか？ ………… 130

2. 調査テクニック

- Q58 不正調査の実施の際の注意点は何ですか？ ……………………… 132
- Q59 面接調査を実施するにあたっての留意点は何ですか？ ………… 136
- Q60 面接調査における5つの質問について、その目的と方法を教えて下さい。 ……………………………… 138
  - COLUMN●クレッシーってどんな人………………………………… 141
- Q61 オープン・クエスチョンと、クローズド・クエスチョンというヒアリングのテクニックについて教えて下さい。 …………… 142
  - COLUMN●破れ窓理論とは？…………………………………………… 145
- Q62 動作学的面接テクニックについて教えて下さい。 ……………… 146
- Q63 監視調査（行動調査）の種類にはどのようなものがありますか？ ……………………………… 150
- Q64 鑑定の種類には何がありますか？ ………………………………… 152
- Q65 情報源および情報提供者にはどのような種類がありますか？… 154
- Q66 従業員に対する事情聴取はどのような点に気をつけなければなりませんか？ ………… 156
- Q67 不正調査における従業員の権利にはどのようなものがありますか？ ……………………………… 158
- Q68 不正調査を行うにあたって、従業員はどこまで協力の義務がありますか？ ………………… 160
- Q69 不正調査の実施にあたって、従業員のメールを確認することはできますか？ ……………… 162
- Q70 従業員に事情聴取する際に、会話を録音することはできますか？ ………………………… 164
  - COLUMN●ホワイトカラー犯罪とは？………………………………… 167
- Q71 従業員の所持品を調査することは合法ですか？ ………………… 168
- Q72 オンラインによる情報収集とは何ですか？ ……………………… 170
- Q73 デジタル・フォレンジック調査とはどのようなものですか？また、その必要性や利便性についても教えて下さい。 ………… 172

- Q74 デジタル調査の手順とデータ分析の方法を解説して下さい。… 174
- Q75 ネット上に投稿された情報発信源を突き止めることは可能ですか？ … 176
- Q76 デジタル・フォレンジック調査におけるコンピュータ証拠の要件は何ですか？ … 178
- Q77 コンピュータ証拠保全の注意点を教えて下さい。 … 180

3．証拠と報告書

- Q78 証拠書類の収集にあたっての留意点を教えてください。 … 182
- Q79 証拠書類の取り扱いで気をつけなければならないことは何ですか？ … 184
- Q80 違法収集証拠とは何ですか？ … 186
- Q81 調査報告書を作成するにあたって、留意すべき点は何ですか？ … 188

Ⅳ章　不正防止のポイント（まとめ）

1．不正の発見と対策

- Q82 不正実行者に多くみられる性格や生活環境などについて教えて下さい。 … 192
- Q83 不正が発覚する前の兆候はありますか？ … 194
- Q84 不正や不祥事を早期に発見するためにはどのような手段が有効ですか？ … 196
- Q85 内部通報・内部告発とは何ですか？ … 200
- Q86 内部通報制度の不正リスク対策としての有効性とはどのようなものですか？ … 202
- Q87 不正リスク対策の5つのステップについて教えて下さい。 … 204
- Q88 不正が発覚した場合の適切な対応を教えて下さい。 … 208
- Q89 企業倫理と不正対策との関係について教えて下さい。 … 212
- Q90 不正対策における内部監査・外部監査・不正検査の有効性について教えて下さい。 … 216
    - COLUMN ●犯罪学ってどんな学問？ … 219

2. 不正対策のスペシャリスト

- *Q91* 不正対策の国際的機関である
「ACFE」について教えて下さい。………………………………… 220
- *Q92* 「ACFE」が認定している「CFE」とはどのような資格ですか？… 222
- *Q93* CFEが問題解決にあたった具体的な事例はありますか？
また、CFEに対する需要が拡がる具体例を教えてください。 …… 224
- *Q94* CFE資格の取得要件を教えてください。………………………… 226

オンラインによる情報収集のサイト……………………………………… 228
主な参考文献………………………………………………………………… 230

企業不正対応の実務
Q&A

I章

不正に関する基礎知識

Q1 不正とは何ですか？また、なぜ不正が起きるのですか？

A

1．不正の定義

　不正（Fraud）とはきわめて広範な概念を有する用語として用いられていますが、2008年7月に企業不正に直接ないしは間接的に多くの役割を担っている民間の3団体、内部監査人協会（IIA）、公認不正検査士協会（ACFE）および米国公認会計士協会（AICPA）が公表した『企業不正リスク管理のための実務ガイド（*Managing the Business Risk of Fraud: A Practical Guide*）』では、次のような定義を示しています。

　不正とは、「他人を欺くことを目的とした意図的な作為または不作為であり、結果として損失を被る被害者が発生し、不正実行犯が利得を得るものである」。

　一方、不祥事という概念は、広辞苑では、不祥事とは"関係者にとって不名誉で好ましくない事柄・事件"と定義されています。したがって、狭義では、関係者である「自社」が行う隠ぺい・改ざんなどの行為が該当し、「不名誉で好ましくない事柄」を広義で解釈すれば、ステークホルダー（利害関係者）から対応が不誠実であるとみなされる事項といえるでしょう。この場合、起きた不祥事を隠ぺいしようとすると、さらにステークホルダーからの信頼を失い、不名誉の度合も高まることにつながります。

　では、不正と不祥事とでは、どのような点が異なるのでしょうか？

　それは、端的にいえば、不祥事は人為的ミス、いわゆるヒューマン・エラーと呼ばれる悪意のない、あるいは作為的でない事故やミスが含まれることです。一方、グローバルで一般に通用する不正の定義のポイントとし

ては、1つ目は意図的な行為であること、2つ目は不正実行犯が利得を得ること、3つ目は、一方でその不正行為により、損失を被る被害者が存在することだと考えられています。

それは、英米のコモンローにおいても、不正行為と定義されるためには、以下の4つの要件をすべて満たすことが必要であるとされていることからも裏づけられます（八田・藤沼監訳、2009年）。

①被疑者が被害者にした供述が、重要な点において虚偽であること
②供述がなされた際に、その供述が虚偽であると被疑者が認識していたこと
③被疑者がその虚偽の供述を錯誤に陥って信用したこと
④その結果として、被害者に損害が生じたこと

2．不正リスクの特性

それでは、上記で定義した不正に、どのように対応したらよいでしょうか？そのためには、まず起こりうる不正を組織体におけるリスクとして認識し、その態様と組織体に与える影響度を分析的レビュー、質問、監査などの手法を活用することによって、測定・評価し、積極的かつ有効的な対策を打つことが欠かせません。

そして、この不正リスクの特性の理解に欠かせないのが、"不正リスク要因は、実行者の主観的認知である。"という点です。

ドナルド・クレッシー（Donald R.Cressey）は、犯罪学の古典モデルとなっている職業上の犯罪者について理論を発展させ、最終的に以下のような仮説を立てました。

「信頼された人間がその信頼を裏切るのは、他人に打ち明けられない経済的な問題を抱え、このことが経済的に信頼されている立場を利用すれば秘密裏に解決できることを認識し、自分が受けている信頼を自分が委ねられている資金もしくは資産を利用することができるという考え方に転化し、その状況で自らの行動に適用できる場合である。」（八田・藤沼監訳、2009年）。

また、被害者の主観的認知が、不正リスク要因を増大させる原因となることにも留意が必要です。

　つまり、会社組織で発生する例に置き換えてみると、自分の部下あるいは自社の従業員は信頼できる（不正を犯すはずがない）⇒業務担当者を放任し、ルールの不徹底が生じ、監視が甘くなる⇒不正の「機会」「正当化」の要因が悪化するという具合に、負のスパイラルに陥ることになるのです。

3．不正のトライアングル

　不正行為の発生の仕組みについて解説した理論として、上記の仮説をモデル化した「不正のトライアングル」がよく知られています。三角形の各点は、他人と共有できない経済的な問題の認識（プレッシャー）、機会の認識、そして正当化をそれぞれ表しています（下図参照）。

▶クレッシーが提唱した不正のトライアングル◀

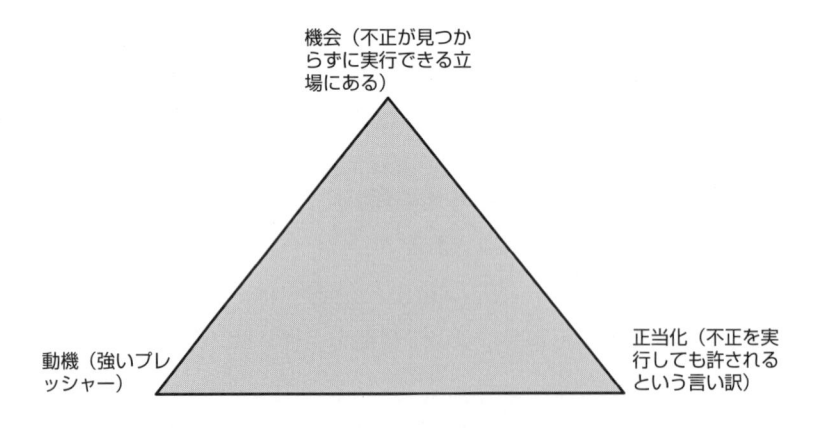

- 機会（不正が見つからずに実行できる立場にある）
- 動機（強いプレッシャー）
- 正当化（不正を実行しても許されるという言い訳）

●動　機：クレッシーは、不正行為に走らせる強いプレッシャーとなり得る動機を、6つのカテゴリーに分類される状況から基本的に発生することに注目しました。それらは「割りあてられた責務への違反」、「個人的な失敗による問題」、「経済情勢の悪化」、「孤立」、「地位向上への欲望」、

「雇用者と被雇用者の関係」です。
- ●機　会：クレッシーの見解では、不正行為を犯す機会の認識には、一般的な情報と技術的スキルの２つの側面があるといいます。一般的な情報とは、不正行為を犯せる可能性があるという単純な認識であり、技術的スキルとは、違反行為に必要な能力を指します。
- ●正当化：クレッシーは、これはすでに犯した窃盗行為を正当化する際の後づけの手段ではなく、犯罪を引き出すための必要不可欠な要素であると指摘しています。実際、これは犯罪の動機の一部でもあり、不正行為に及ぶ者は、その前に行為を正当化します。正当化は、犯人が自分の違法行為を自分に理解させ、信頼を受けているという自分自身の基本的な方向を維持するために必要となります。

上記のように、クレッシーの理論を理解するうえで最も重要な結論は、不正行為が発生する背景には、上記３つの要素がすべて存在するということです。すなわち、不正行為に及ぶ動機を有し、機会を認識し、正当化を行う能力がある、つまり不正のトライアングルの要素（「機会」「動機」「正当化」）がすべて存在したうえで、それら３要素が絡み合ってはじめて、不正行為が起こるという点を理解することが重要です。　　　　　（脇山）

〈関連項目〉
ホワイトカラー犯罪（Q13）

Q2 アルブレヒトが研究した「不正を犯す個人・組織の特徴」について教えて下さい。

A

アルブレヒト（W. Steve Albrecht, 1949年生まれ）は、現在米国ブリガムヤング大学の教授で、職業上の不正に関する研究の第一人者として知られています。大手監査法人での勤務経験があり、現在では社外取締役を務めるなど、理論と実践の両面に通じています。公認会計士、内部監査人、公認不正検査士の資格を有しており、各協会でも中心的な役割を果たしてきました。ACFEでは、初代のPresidentを務めた実績があります。

質問にある「不正を犯す個人・組織の特徴」とは、アルブレヒトが、内部監査人協会の支援を得て、他の2人の学者（Keith R. Howe, Marshall B. Romney）とともに行った研究の成果に基づくもので、1984年に出版された *Deterring Fraud: The Internal Auditor's Perspective* に収録されています。この研究は、当該組織の内部監査人に対する詳細なアンケート調査をもとに米国およびカナダの組織において発覚した212件の不正事例の傾向をまとめたもので、不正に関与した者および被害を受けた組織に共通する特徴を浮き彫りにしています。

まず、個人が不正を犯す誘因（個人の性格特性あるいは個人がおかれた状況）として、以下の9項目が上位にあげられています。

1. 自分の資力を超えた（分不相応な）生活をしている。
2. 個人的利得への欲求を抑えられない。
3. 多額の個人負債を負っている。

4．顧客とのつながりが密接である。
5．給料が自分の責任に見合っていないと感じている。
6．「汚い手を使ってでも実績を上げる」という不誠実な態度がみられる。
7．内部統制の抜け穴を見つけようという意欲が強い。
8．過度のギャンブル癖がある。
9．家族または同僚から過度の心理的プレッシャーを受けている。

　つまり、ある個人の性格に上記のような傾向が強かったり、個人が上記のような状況におかれている場合には、その者が不正を犯す動機を抱え込む可能性が高まるということになります。不正防止の観点からは、企業経営者や各部門の管理職が、社員や部下がこれらの要因を抱え込まないようにすることが大切だといえます。

　次に、社員に「秘密裏に不正を犯し、隠ぺいにより発覚を免れられる」という不正の機会を認識させてしまうような組織管理上の問題として、以下の12項目に注目しています。
1．従業員に過度の信頼をおいている。
2．取引の承認に関する適切な手順が定められていない。
3．役職員個人の投資収益の状況が十分に開示されていない。
4．取引の承認と資産の保管の職務が分離されていない。
5．業績の独立的評価が行われていない。
6．業務の詳細に対する注意が十分に払われていない。
7．資産の保管と会計処理の職務が分離されていない。
8．経理・会計業務の職務分離が不十分である。
9．権限規定が不明確である。
10．部門のレビューが十分に行われていない。
11．利益相反に関する申告が義務づけられていない。
12．文書や記録の保存が不十分である。

これらの項目はすべて「内部統制の脆弱性」と捉えることができます。すなわち、内部統制が不十分な組織は従業員に不正の機会を認識させやすく、不正発生のリスクが高まるということがいえます。

　これらの研究成果をもとに、アルブレヒトらは「不正スケール（Fraud Scale）」と呼ばれるフレームワークを示しました。

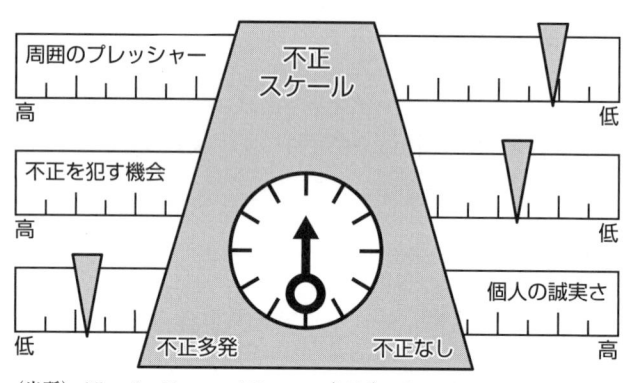

（出所）Albrecht, Howe and Romney（1984）p.6.

　具体的には、上図に示されたとおり、①不正を誘発するプレッシャーが高い、②見つからずに不正を犯せる機会が高い、③個人の誠実性・倫理観が低い状況では、不正が発生するリスクが高まるというものです。これは、犯罪学者クレッシー（Donald R.Cressey, 1919-1987）が提唱した不正のトライアングルの仮説を踏襲しています。

　アルブレヒトらの研究成果を活用し、内部統制のレビューと並行して組織内の不正スケールはどのような状態にあるか、「個人が不正を犯す誘因」および「不正の機会を認識させてしまう内部統制の脆弱性」が存在していないか、などを検証することにより、不正リスク管理を強化することができるでしょう。

I章　不正に関する基礎知識

なお、ACFEが2年ごとに実施している不正の動向調査（Report to the Nations on Occupational Fraud and Abuseとして公表）にも「不正実行者が示す行動面の兆候」が示されており、「分不相応な生活をしている」「経済的に困窮している」「仕入業者や顧客と異常に親密な関係にある」など、アルブレヒトらの研究成果との共通点を見いだすことができます。

（甘粕）

〈関連項目〉
不正のトライアングル（Q1）

Q3 アメリカの代表的不正事例(エンロン、ワールドコム)について教えて下さい。

A

1. エンロン事件

　エンロンは、米国テキサス州に本拠をおいたかつての世界最大級のエネルギー会社で、業界の規制緩和を利用してさまざまな商品を手掛けることによって急成長しました。成長至上主義のなかで、同社の社内には、会計基準のグレーゾーンを突くことにより、見かけ上の財務報告内容のみを追求するような風土が広がっていました。

　同社の粉飾の手口は、主に非連結の特別目的事業体（SPE）を利用した損失隠しでした。当時の米国会計基準においては、特定の要件を満たすSPEは連結されず、損失と債務を非連結のSPEに付け替えることなどにより、財務諸表上報告される債務の隠ぺいと利益の調整を行っていました。

　これらのSPEには、エンロンの株価が一定水準を割り込む場合には、債務が顕在化するスキームのものが含まれていました。内部監査人であったS・ワトキンズはCEOのK・レイに対して疑念を伝達しましたが、聞き入れられませんでした。2001年10月にマスコミがエンロンの不正会計疑惑を報じると、エンロンの株価の下落をきっかけとして状況が加速度的に悪化し、同年12月には連邦破産法第11条の適用を申請するに至りました。

　元CEOのレイは量刑確定前に病没しました。また、2006年10月、裁判所は同じく元CEOのJ・スキリングに懲役24年4ヵ月の判決を下しました。

　なお、エンロンの監査を行っていたアーサー・アンダーセンは1913年創業の名門会計事務所でした。しかし、同事務所がエンロンのSPEの組成に深く関与していたことが発覚し、さらには、SECによる公式捜査の直

前にエンロンに関連する大量の監査調書を破棄したとして司法妨害の罪で刑事告訴されると同事務所の信用は失墜し、顧客の流出が続いて2002年には解散に追い込まれました。

2．ワールドコム事件

　ワールドコムは米国の長距離通信会社であり、CEOのB・エバーズの下で1990年代に数多くのM&Aを通じて急成長を遂げました。しかし、2000年にスプリントとの合併について司法省からの認可を得られず、同社の成長戦略は大きく打撃を受けました。また、CEOのエバーズ自身も多額の借入により自社株を購入しており、同社の株価維持が至上命題となっていました。

　同社の粉飾の主な手口は、本来費用処理すべきラインコスト（他の通信業者への回線使用料）を資産に計上したことにあります。これらにより約110億ドルの利益の水増しを行ったとされます。

　同社の内部監査部門のC・クーパーが内部監査の過程で不適切な会計処理を発見し、監査委員会への報告を行ったことにより、問題が明るみになりました。これを受けて、同社は過去の決算の訂正を行いました。その後、同社への不信から、ワールドコムは資金繰りに行き詰まり、2002年7月に連邦破産法第11条の適用を申請するに至りました。

　2005年7月、裁判所はエバーズに対して懲役25年の判決を下しました。また、同年8月に元CFOのS・サリバンに対してエバーズ裁判での証人としての協力を考慮して懲役5年の判決を下しました。　　　　　　（山田）

〈関連項目〉
US-SOX（Q6）、内部通報（Q85）

Q4 日本の代表的不正事例（西武鉄道、カネボウ）について教えて下さい。

1. 西武鉄道事件

　上場企業であった西武鉄道のコクドグループの持株比率は、実際のところ80％超でしたが、当時の東証規則では、上位10位までの大株主などの持株比率が80％超の場合には上場廃止要件に抵触することになっていました。

　そこで、コクドは西武鉄道の上場廃止を回避するために、保有する西武鉄道の株式の多くを従業員等の個人名義とし、有価証券報告書の虚偽記載を行っていました。また、同社は保有比率を下げるために市場外で西武鉄道株を売却しましたが、当該売却は内部者だけが知り得る重要な情報に基づいており、インサイダー取引に該当するものでした。

　2004年10月にコクド会長（西武鉄道の会長を兼任）が西武鉄道の有価証券報告書の虚偽記載を公表し、グループの全役職を辞任しました。

　2005年10月に、裁判所は、西武鉄道の元会長に対して有価証券報告書の虚偽記載とインサイダー取引による証券取引法違反の罪で懲役2年6ヵ月、罰金500万円、執行猶予4年の有罪判決を下しました。また、西武鉄道に対しては有価証券報告書の虚偽記載による証券取引法違反の罪で罰金2億円の有罪判決、コクドに対してはインサイダー取引による証券取引法違反の罪で罰金1億5,000万円の有罪判決をそれぞれ下しました。

2. カネボウ事件

　1887年創業の名門企業であったカネボウは、主力の繊維産業の衰退から、借入金を利用して多角化経営を行っていました。しかし、経済成長が停滞

し始めると負債の返済に苦しむこととなり、メインバンク主導の経営再建を受け入れることとなりました。

このようななか、社長および副社長は、①業績不振会社の連結外し、②連結除外会社を利用した売上の水増し（押し込み販売）や損益の付替え、および③在庫評価損の先送り等によって、2000年3月期から2004年3月期までの5年間に2,000億円を超える粉飾を行っていました。

2005年に同社の粉飾決算は明るみになり、同社の発表により1996年3月期から2004年3月期まで9期連続で債務超過だったことが判明しました。その後も産業再生機構の支援のもと経営再建を目指しましたが、2007年6月についに解散に追い込まれました。

社長および副社長は当時の証券取引法違反の罪に問われ、2006年3月に、裁判所は社長に対して懲役2年、執行猶予3年の有罪判決を下し、副社長に対して懲役1年6ヵ月、執行猶予3年の有罪判決を下しました。

また、同年8月、監査を担当していた中央青山監査法人の公認会計士に対しても、粉飾に加担したとして、うち1名に対して懲役1年6ヵ月、執行猶予3年、2名に対して懲役1年、執行猶予3年の有罪判決を下しました。

（山田）

〈関連項目〉
インサイダー取引（Q36）、財務諸表における不正（Q16）

Q5 COSOフレームワークとは何ですか？

A

1. COSOフレームワークとは

　COSO（「コソ」）フレームワークとは、米国のトレッドウェイ委員会支援組織委員会（The Committee of Sponsoring Organizations of the Treadway Commission: COSO）が1992年に公表した報告書「内部統制の統合的枠組み（*Internal Control-Integrated Framework*）」において示した内部統制の枠組み（フレームワーク）をいいます。当該フレームワークは、内部統制の事実上のスタンダードとして広く世界に受け入れられています。

2. COSOフレームワークの背景

　1980年代に立て続けに起こった不正会計事件を受けて、当時のSEC委員長であるトレッドウェイ氏を委員長とする「不正な財務報告に関する全米委員会（トレッドウェイ委員会）」が組織され、不正会計をもたらすさまざまな要因が研究されました。同委員会は不正会計をもたらす要因の1つとして有効でない内部統制を指摘し、これを受けて同委員会を支援する5団体がCOSOを組織し、内部統制についての研究を重ねた結果として公表したものが上述の報告書です。

　当該報告書は、当時さまざまな見方がなされていた内部統制を実務的に適用可能な1つの枠組みとしてまとめあげた点が特徴です。

3. COSOフレームワークの概要

　COSOフレームワークは、内部統制を図1のように目的、構成要素、組

織単位の3つの切り口により3次元的に捉えることを可能としており、しばしば「COSOキューブ」と呼ばれます。

4. COSOのERMフレームワーク

2004年にCOSOは「全社的リスクマネジメントの統合的枠組み（*Enterprise Risk Management-Integrated Framework*）」を公表しました。当該報告書は、上述の内部統制に関するフレームワークをリスク管理の視点から発展させたもので、目的、構成要素、組織単位の関係は図2のように表わされます。　　　　　　　　　　　　　　　　　　　　　　　（山田）

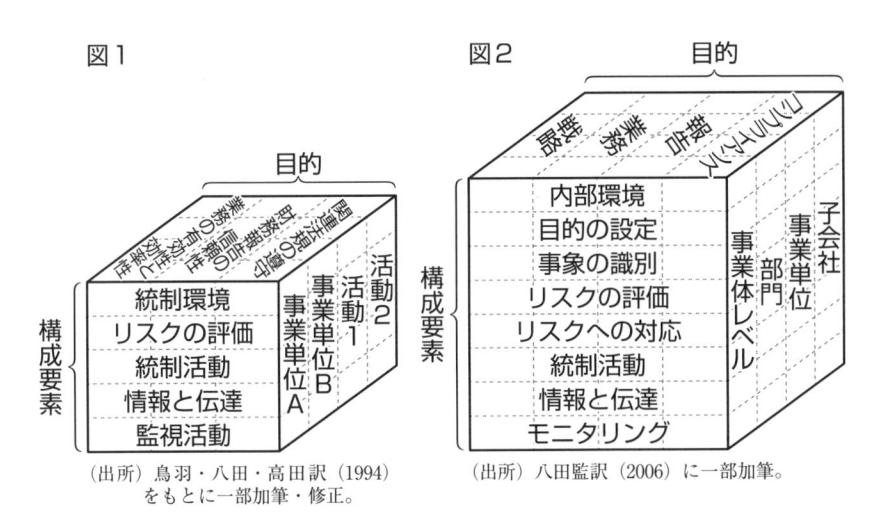

図1

（出所）鳥羽・八田・高田訳（1994）をもとに一部加筆・修正。

図2

（出所）八田監訳（2006）に一部加筆。

〈関連項目〉
内部統制（Q9）、US-SOX（Q6）

Q6 US-SOX、SAS99について教えて下さい。

1. SAS99とは

　SAS99とは、米国公認会計士協会（AICPA）による監査基準書（Statement on Auditing Standards）第99号を指し、「財務諸表監査における不正の考慮」を取り扱っています。SAS99は、財務諸表監査にあたっての不正対応のニーズの高まりに対応するために、2002年に従来のSAS82を置き換えるかたちで公表されました。

　SAS99は、監査人に対して、たとえば、次の事項の実施またはその強化を求めていることが特徴的です。

> (1)職業的懐疑心の保持
> (2)不正リスクについての監査チーム内での討議
> (3)不正リスクに関する情報収集（経営者およびその他の階層に対する質問、財務諸表の分析、不正のトライアングルの検討など）
> (4)識別された不正リスクに対する対応の検討

　SAS99において示された考え方は、国際監査基準（ISA）やわが国の監査基準にも取り入れられて、財務諸表監査における不正リスクへの対応のスタンダードとなりました。

2. US-SOXとは

　US-SOXとは、米国のサーベインズ＝オクスリー法（Sarbanes-Oxley Act of 2002、「SOX法」または「米国企業改革法」と呼ばれます）を指し、エンロン、ワールドコムなど、米国での度重なる財務諸表不正の発覚を受

けて2002年に成立しました。

　同法は、公開会社のディスクロージャーに対する信頼性回復のために、とくにコーポレート・ガバナンスの強化に関する対応措置を多く含んでいます。たとえば、公開会社会計監視委員会（PCAOB）の設置（101～109条）、外部監査人の独立性の強化（201～209条）、公開会社に対する独立的な監査委員会の設置義務化（301条）、経営者（CEO、CFO）による宣誓書の義務化（302条、906条）、不法行為等により財務諸表の訂正を行った場合のCEO、CFOからの賞与や利得の返還義務（304条）、連邦証券諸法の違反行為により不適格とされた人物の取締役または役員への就任禁止（305条、1105条）、内部告発者の保護（806条、1107条）などを含みます。

3. SOX404

　このうち、同法404条の内部統制報告制度がとくに有名で、一般に「US-SOX」という場合には、当該内部統制報告制度を指す場合が多いようです。404条の規定は、財務報告の信頼性を確保するために下記の事項を求めるものとなっています。

> (1)経営者による内部統制の評価と内部統制報告書の作成
> (2)独立監査人による内部統制報告書の監査

　当該条項は、その後にわが国に導入された金融商品取引法の下の内部統制報告制度の原型となりました。
　　　　　　　　　　　　　　　　　　　　　　　　　　　（山田）

〈関連項目〉
不正のトライアングル（Q1）、J-SOX（Q8）

【アラーム】
エンロン事件、ワールドコム事件、タイコ・インターナショナル事件、アデルフィア事件

Q7 J-SOX、金融商品取引法について教えて下さい。

1. J-SOXとは

　J-SOXとは、わが国の金融商品取引法の下での内部統制報告制度の通称をいいます。当該制度が米国の企業改革法（SOX法）の下での内部統制報告制度（同法404条）に類似するため、しばしば日本版SOXという意味で、J-SOXと呼ばれます。ただし、米国のSOX法は内部統制報告制度以外にもさまざまな公開会社の改革措置を含んでおり、上記の呼称は必ずしも正しい理解に基づくものではありません。

2. 金融商品取引法とは

　金融商品取引法は、利用者保護ルールの徹底と利用者利便の向上、「貯蓄から投資」に向けての市場機能の確保および金融・資本市場の国際化への対応を図ることを目指して、従来の証券取引法から分離、発展させるかたちで2006年に成立し、2007年9月から施行されました。

　金融商品取引法の内容は、開示規制、投資サービス規制、取引所規制および罰則・課徴金規定などを含みます。このうち、開示規制として、四半期報告制度とともに内部統制報告制度が新たに導入されました。

3. 金融商品取引法の下での内部統制報告制度の概要

　金融商品取引法の下での内部統制報告制度は、2004年に証券取引法の下での有価証券報告書などのディスクロージャーに関する不適正事例が相次いで発覚したことなどを受けて、企業のディスクロージャーの適正性確保

を目的として導入されました。当該制度は有価証券報告書提出会社のうち上場会社または店頭登録会社に求められ、2008年4月以降開始事業年度から適用となっています。なお、当該制度の概要は以下のとおりです。

①経営者による内部統制の評価と内部統制報告書の作成

経営者は、事業年度ごとに自社の内部統制のうち、財務報告に係る内部統制の有効性を評価し、その結果を記載した内部統制報告書を内閣総理大臣（実際には財務局）へ提出しなければなりません。当該内部統制報告書は、金融庁の開示システム（EDINET）を通じて一般に公開されます。

②公認会計士・監査法人による内部統制報告書の監査

上記の内部統制報告書は、その提出前に公認会計士または監査法人による監査を受けることが求められます。

4．不正と内部統制報告制度

当該制度は、不正への対応を含む財務報告に係る内部統制について、上場企業などの経営者が整備・運用責任を有することおよび証券市場に対する説明責任を有することを制度上明確化したものということができます。

また、財務報告に係る内部統制の一環として、一般に、全社レベルの統制として、明確に特定された統合的な不正防止プログラム（antifraud program）が存在することが望ましいとされます。

当該制度は、上場企業などにおいて経営者主導による財務報告不正および関連する財務不正への対応力強化を促進する要因となりました。（山田）

〈関連項目〉
US-SOX（Q6）
【アラーム】
西武鉄道事件、カネボウ事件

Q8 コンプライアンスとは何ですか？

A

1．狭義のコンプライアンス

　コンプライアンスは、狭義に「法令遵守」と訳されることがあります。企業やその他の組織体が事業を継続していくためには、関連する法令や規則を遵守していなければなりません。一般に企業が遵守すべき法規には、民法、商法、会社法、労働基準法などのほか、独占禁止法、不正競争防止法、個人情報保護法、著作権法さらには交通法規など膨大な数にのぼります。

　法令遵守が達成されない場合には、企業は法令上の制裁や社会的な制裁を受けることになります。過去にも、脱税、談合や食品表示偽装などにより事業からの撤退を含む大きなダメージを受けた企業が少なくありません。

2．"法令遵守"の意味だけではないとする考え方

　しかし、現在において「コンプライアンス」という場合には、遵守の対象を法令・規則に限らず、企業の行動規範、社内規程さらには企業倫理や社会的常識にまで拡大して考えることが多くなっています。企業行動に対する近年の社会的な期待と監視の高まりから、社会からの批判にさらされている特定の行為を「法令違反はしていない」ことだけをもって説明し、納得してもらうことは困難となりつつあります。

　また、法令遵守を最終目標としていては、法令の遵守すらおぼつかなくなるおそれがあります。むしろ企業は目標を高く設定し、その目標に向けて自らを律することによって、初めて法令遵守を含む社会の期待に応え、

社会から受け入れられるとする考え方もあります。

　企業やその他の組織への社会の監視が高まっている現在、各組織は、法令遵守は当然として、広く社会の期待に応えるべく広義の「コンプライアンス」を追求する取り組みが求められるようになっているのです。

3．コンプライアンス活動

　コンプライアンス活動は、上述のようなコンプライアンスを達成するための総合的な取組みを指します。コンプライアンス活動にはさまざまな視点がありますが、1つの視点として前述のCOSOのERMフレームワークが利用できます。すなわち、コンプライアンスという組織目的のために、①内部環境、②目的の設定、③事象の識別、④リスクの評価、⑤リスクへの対応、⑥統制活動、⑦情報と伝達、⑧モニタリングの8つの視点からコンプライアンス体制の構築と運用を行っていくことが考えられます。

　また、コンプライアンスについてはとくに、違反事実を識別した際に、対外公表も含めてどのような対処を行うかも重要となります。

4．不正とコンプライアンス

　コンプライアンスが達成されないケースは、不正による場合とミスによる場合に分かれます。不正には他者を欺く意図をともなうため、社会からより受け入れ難いものだと想定されます。その意味において、経営者や従業員1人ひとりの倫理観やコンプライアンス意識を高めることを通じて、「常に正しいことを追求する」風土を醸成し、不正の動機や正当化の余地を除去する取組みが重要となるといえます。

　　　　　　　　　　　　　　　　　　　　　　　　　　　（山田）

〈関連項目〉
内部統制（Q9）、ERM（Q5）

Q9 内部統制とは何ですか？

A

内部統制の枠組みにはいくつかのバリエーションがみられますが、以下では、わが国における金融商品取引法下での内部統制報告制度における枠組み（2007年、企業会計審議会）に基づいて説明します。

1．内部統制の定義と目的

内部統制とは、①業務の有効性および効率性、②財務報告の信頼性、③事業活動にかかわる法令などの遵守、④資産の保全の4つの目的が達成されているとの合理的な保証を得るために、業務に組み込まれ、組織内のすべての者によって遂行されるプロセスをいいます。

2．内部統制の基本的要素

内部統制は次の基本的要素を含みます。

①統制環境

組織の気風を決定し、組織内のすべての者の統制に対する意識に影響を与えるとともに、以下の他の基本的要素に影響を及ぼす基盤をいいます。

②リスクの評価と対応

組織目標の達成を阻害する要因をリスクとして識別、分析および評価し、当該リスクへの適切な対応を行う一連のプロセスをいいます。

③統制活動

経営者の命令および指示が適切に実行されることを確保するために定める方針および手続をいいます。

④情報と伝達
　必要な情報が識別、把握および処理され、組織内外および関係者に正しく伝えられることを確保することをいいます。
⑤モニタリング
　内部統制の有効性を継続的に評価するプロセスをいいます。
⑥ITへの対応
　あらかじめ適切な方針および手続を定め、業務の実施において組織の内外のITに対し適切に対応することをいいます。

3．内部統制の限界
　一方、内部統制には下記のような固有の限界が存在します。
①判断ミス、不注意や担当者間の共謀により有効に機能しない場合がある
②想定外の環境変化や非定形的取引には対応しない場合がある
③内部統制の整備および運用に際して費用と便益の比較衡量が求められる
④経営者自身が内部統制を無視または無効にしてしまうことがある

4．不正の予防・発見と内部統制
　一般に、不正は上記の内部統制の目的達成の阻害要因となるため、内部統制の整備と運用にあたって、不正リスクを考慮することがポイントとなります。良好な内部統制は不正を犯す余地を縮小するとともに組織内で起きた不正を発見する可能性を高め、不正の「機会」を縮小します。また、「統制環境」の1つである健全な組織風土の醸成は、不正を「正当化」する余地の削減に効果をもたらします。
　　　　　　　　　　　　　　　　　　　　　　　　　　　（山田）

〈関連項目〉
COSOフレームワーク（Q5）、US-SOX（Q6）、J-SOX（Q7）、コーポレート・ガバナンス（Q10）

Q10 コーポレート・ガバナンスとは何ですか？

1．コーポレート・ガバナンスの定義

コーポレート・ガバナンスは「企業統治」と訳されますが、必ずしも統一された定義が存在するわけではありません。狭義には、所有と経営の分離を前提として、経営者が株主利益に基づいて経営を行っていることを企業の所有者である株主が確認できるようにする仕組みを指します。しかし、近年はステークホルダー（利害関係者）をより広義に捉える傾向があります。そのなかでも代表的な定義としては「企業経営を規律するための仕組」（2005年、経済産業省）があります。

2．コーポレート・ガバナンスの要素

上述のようにコーポレート・ガバナンスはさまざまな捉え方がなされますが、一般に、次の要素を含みます。
①企業理念・行動規範
②機関設計
　執行と監督（および監査）の分離
③経営陣に対する監督・監査機構
　取締役会、社外取締役、監査役／監査委員会、会計監査人など
④説明責任
　ステークホルダーへの説明

3. 日本企業のコーポレート・ガバナンス

右図は、わが国の取締役会、監査役会設置会社におけるコーポレート・ガバナンス機構の1例です。

わが国においては、執行をつかさどる代表取締役およびその他の経営陣に対して、株主から選任された取締役会と監査役会がそれぞれ監督と監査を行う型が一般的です。

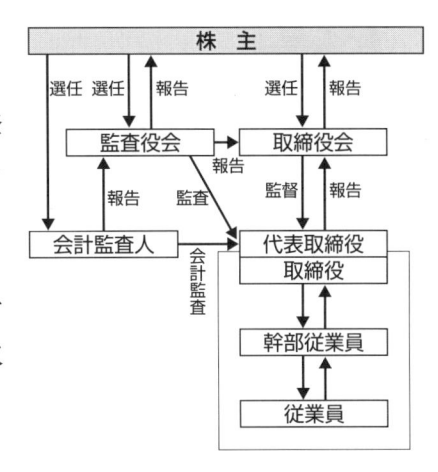

4. コーポレート・ガバナンスと不正

一般に、経営者の権限は大きいことから、経営者が犯す不正の損失額は多額になりやすいといえます。また、組織内においていかに有効な内部統制を整備・運用していたとしても、経営者であれば、その権限により内部統制を無視・無効化することも可能です。過去に明るみとなった企業不祥事のなかには、経営者の暴走を許したものや経営者に率いられるかたちで組織全体として誤った方向性に走ったとみられるものも少なくありません。

コーポレート・ガバナンスは、経営者または組織全体に対するチェック・アンド・バランス機構として、とくに経営者不正の防止と対処に重要な役割を果たします。組織内のさまざまなレベルでの不正を防止し、組織の健全な運営を継続的に確保するためには、内部統制とコーポレート・ガバナンスを両輪としてその有効性を高めることが重要となります。　（山田）

〈関連項目〉
内部統制（Q9）
【アラーム】
エンロン事件、ワールドコム事件、西武鉄道事件、ライブドア事件

Q11

CSRとは何ですか？

1. CSRの定義

　CSRとはCorporate Social Responsibilityの略で、「企業の社会的責任」と訳されます。CSRの定義として必ずしも統一されたものは存在しませんが、2004年に経済産業省に設置された「企業の社会的責任（CSR）に関する懇談会」の中間報告書では以下のように定義されています。「今日経済・社会の重要な構成要素となった企業が、自ら確立した経営理念に基づいて、企業を取り巻くステークホルダーとの間の積極的な交流を通じて事業の実施に努め、またその成果の拡大を図ることにより、企業の持続的発展をより確かなものとするとともに、社会の健全な発展に寄与することを規定する概念であるが、同時に、単なる理念にとどまらず、これを実現するための組織作りを含めた活動の実践、ステークホルダーとのコミュニケーションなどの企業行動を意味するもの」。

　企業の目標の1つに利潤追求がありますが、たとえば、原価低減を追求するあまり、発展途上国での搾取的な児童労働により製造された製品の調達は正当化されるものではありません。CSRは、広い視野に立って、企業をとりまく幅広いステークホルダーとの対話を行いながら、企業の持続的な発展と社会発展への貢献の両立を目指します。

2. CSRにおいて識別される幅広いステークホルダー

　CSRにおいては企業のステークホルダーを幅広く捉えます。一般に、CSRにおいて定義されるステークホルダーは、株主、債権者、従業員の

ほか、取引先、消費者、同業他社、地域住民、政府、社会全般さらには環境（生態系）など多岐にわたります。

3．企業にとってのCSRのメリット

　CSR活動は、短期的にその効果を確認できるものばかりとは限りませんが、長期的には企業が十分にメリットを享受できるものとなり得ます。たとえば、環境保全設備への投資は、短期的にはコスト増をもたらしますが、将来的に必要となる環境修復費用を削減する効果を有する場合があります。

　また、近年企業に対する社会からの期待と監視は強まっており、CSRを実践する企業は、ブランド力を高め、社会からの信頼を勝ち得ることができます。SRI（社会的責任投資）という考え方もあり、投資家の投資判断にあたって、社会的責任を果たしているかどうかによって投資選別を行うもので、近年急速に拡大しています。

4．不正とCSR

　不正は、企業に直接損害をもたらし得ることに加えて、社会との信頼関係を崩すものにもなりかねません。このため、不正への対応は、CSR活動のなかでの重要なテーマの1つとなり得ます。

　また、一般にCSRを積極的に推進している企業においては、経営者や従業員の1人ひとりが社会的な責任を自覚することにもなり、不正を起こしにくい企業風土の形成につながります。
　　　　　　　　　　　　　　　　　　　　　　　　　　　　　　（山田）

〈関連項目〉
コーポレート・ガバナンス（Q10）

Q12 企業倫理とは何ですか？

1. 企業倫理（Business Ethics）の必要性

　企業不祥事（Corporate Scandal）によって、企業が長い期間と努力の末に築きあげた評判を一瞬にして失う事例が今まで多発してきました。企業は、その活動から違法性や不道徳な要素を排除することによって、社会から受け入れられ、社会的な制裁を避けることができます。また、現代の社会、そして顧客は、倫理的に正しい商品やサービスを選好する傾向を強めています。企業とその構成員が、その企業行動に倫理的な考え方を確立して適切な運用を行う場合に、その拠り所となるものが企業倫理と呼ばれるものです。

2. 企業倫理に関する議論の高まり

　健全なコーポレート・ガバナンスや企業の社会的責任とともに、企業倫理の重要性に対する社会的な関心の高まりは20世紀終盤には世界的な潮流となりました。企業という組織は、法によって「法人格」を与えられています。つまり、法の下で人のように「擬制」され、法律上の契約行為を行い、責任を負い、税金を納めています。そして、これにより、企業という事業を行う組織体自体は人のように倫理的な行動が求められています。

　企業は、その活動において、顧客・従業員・取引先・投資家・金融機関などのさまざまな利害関係者（Stakeholders）と相互に影響を与え合う関係にあります。この利害関係者に広く地域社会を含める考え方もあります。企業の行動は利害関係者たち、ひいては社会や環境に大きな影響を与えま

す。現代の企業は、これらのさまざまな関係者との利害を適切に保ち、その公正性、公平性、誠実性、協調性などにおいて倫理的にも信頼と尊敬を得ることが、社会の一員として期待されています。

3. 企業倫理の制度化

コンプライアンスは、「遵守」を意味する語句であり、企業がその活動において法律や規則を遵守する「法令遵守」の意味で使用されてきましたが、最近では法令や規則を含む社会的な規範や道徳、企業倫理を遵守するという、より踏み込んだ意味で捉えられるようになりました。

①米国における連邦量刑ガイドラインと企業改革法の影響

1970年代から米国の企業社会において企業不祥事が頻発し、不正に対する社会の批判が強まっていきました。1991年には「連邦量刑ガイドライン（Federal Sentencing Commission's Guideline）」が施行され、組織における不正行為を防止する有効なコンプライアンスのプログラムをもつ企業には有罪の際の量刑が有利に、もたない企業は不利に取り扱われるようになりました。米国の企業では、これによって、法令遵守を強化するコンプライアンス型の企業倫理プログラムが普及されることとなり、大きく企業行動に影響を与えるようになったのです。

また、21世紀の初頭には、資産規模が大きく超優良上場会社といわれていたエンロンとワールドコムの破綻、そして両社が行っていた巨額の財務報告不正が、世界一厳格であるといわれてきた米国の会計、監査、コーポレート・ガバナンス、そして証券市場の信頼を揺るがしました。米国は証券取引法を大改正して「2002年サーベインズ＝オクスリー法（企業改革法）」を施行して、上場会社の財務報告の開示義務、監査の独立性、コーポレート・ガバナンス、説明責任などを強化しました。経営者に対しては、財務報告の開示が適正である旨の宣誓書と財務報告に係る内部統制の有効性を評価した内部統制報告書を義務づけ、経営者の財務報告に関する民事責任が明確になり、経営者および従業員の不正行為を開示することが義務とな

りました。

②日本における企業倫理の制度化

　日本においても、偽装、隠ぺい、横領、粉飾、脱税、法令や対策を違反したうえでの事故などのさまざまな企業不祥事が続き、損害賠償責任や信用失墜などの社会的制裁を受ける事例が絶えず、社会の企業不祥事に対する目も厳しくなっています。企業の不正に対する社会的責任を取り巻く状況変化により、企業は企業倫理に取り組んできました。

　1991年には社団法人 日本経済団体連合会（経団連）は「経団連企業行動憲章」により、企業が社会的役割を果たし、公正なルールを守り、経営トップの責務を明らかにする原則を発表しました。憲章は改訂を重ねて、会員企業に企業倫理・企業行動強化のための社内体制の整備・運用を要請するものになっています。まずは、企業行動憲章を策定し、経営トップの基本姿勢を表明、全社的体制を整備、企業倫理ヘルプライン、教育・研修、評価と情報開示、処分、再発防止の整備などを要請しています。

　企業を取り巻く法律も変化しています。1993年の商法改正では、会社の業務執行に対する監査役の監督機能を強化するために、任期を延長し、大会社（資本金5億円以上または負債金額200億円以上の会社）に監査役会制度の導入を行い、続く1997年の改正では利益供与禁止を強化して、2002年には米国型の企業統治形態である委員会等設置会社を選択することができるようになりました。

　2007年には証券取引法が金融商品取引法（金商法）として改正され、金融システムの変化に対応して上場企業の財務報告の開示を強化するために、四半期報告制度を導入し、財務報告に係る内部統制に関する報告の諸制度を整備しました。上場企業の経営者は、内部統制を構築して、その有効性を維持する責任をもち、その評価である内部統制報告書を提出することが義務となりました。経営者は、統制環境を確立するために、誠実性および倫理観に基づいた経営者の意向および姿勢（Tone at the Top）を組織内のすべてに浸透させることが必要なのです。

③企業の行動規範

　企業の行動規範は、企業が社会の要請に応え、社会的な責任を果たしていくうえでの企業行動のあり方を示すものです。企業の行動規範は、経営者や取締役により策定され、その企業の倫理観を表しています。企業は、経営理念などの抽象的な倫理や行動の指針だけではなく、具体的な行動基準として行動規範を従業員に明示して、必要性を理解させ、遵守させていくことが重要です。東京商工会議所は、行動規範の策定例、策定の手順や実践にあたっての留意点について、「法令を遵守し、立法の趣旨に沿って公明正大な企業活動を行い、社会の信頼に応える」ことから、地域との共存などさまざまなステークホルダーとの関係、反社会的勢力や団体への対応まで網羅したものを公表しています。　　　　　　　　　（濱田）

〈関連項目〉

US-SOX（Q6）、SAS99（Q6）、コンプライアンス（Q8）、コーポレート・ガバナンス（Q10）

【アラーム】

昭電疑獄や造船疑獄などの贈収賄事件、水俣病、イタイイタイ病、三菱自動車工業 リコール隠し、雪印食品 牛肉偽装事件、カネボウ 粉飾決算事件、西武鉄道 総会屋利益供与・有価証券報告書虚偽記載事件、明治安田生命保険 保険金不払い事件、ライブドア 証券取引法違反事件、日興コーディアルグループ 粉飾決算事件、西松建設 偽装献金事件

Q13 ホワイトカラー犯罪とは何ですか？

A

ホワイトカラー（White-collar）とは、白い襟のワイシャツを着ている人という意味で、主に頭脳労働や事務に従事する人材層を表現しており、主に肉体労働に従事する人材層であるブルーカラー（Blue-collar）との対義語です。ホワイトカラーの犯す犯罪を「ホワイトカラー犯罪（White-collar Crime）」と呼び、事務所内で働くエリートであるサラリーマンや公務員が会社や役所において手を染める横領や背任行為といった犯罪を意味しています。

1. 犯罪学におけるホワイトカラー犯罪の定義

ホワイトカラー犯罪は、米国インディアナ大学の犯罪学者エドウィン・H・サザランド（Edwin H. Sutherland、1883-1950）により1939年に提唱された概念です。サザランドはホワイトカラー犯罪を「名声（respectability）や高い社会的地位（High Social Status）をもつ者によって、職業上（Occupation）において犯される犯罪」と定義しました。今では、ホワイトカラー犯罪という用語は、郵便室から役員室までのあらゆる場所で発生するほとんどすべての金融・経済犯罪を意味するようになりました。

サザランドは、「犯罪は遺伝的なもので犯罪者の子は犯罪者になりやすい」という古くからの見解に挑戦して、自らは「犯罪行動は他者からの影響で習得されるものである」という学説（文化的接触理論）を提唱しました。この学説における「組織においては、不誠実な構成員がやがては誠実な構

成員に悪影響を及ぼし、反対に、誠実な構成員が不誠実な構成員に良い影響を及ぼすことがある」という犯罪の理論を当てはめると、組織においてホワイトカラー犯罪を防止するには、組織の環境、企業倫理や行動規範が重要な鍵であることが理解できます。

2．米国企業改革法のホワイトカラー犯罪に対する罰則強化

　米国の2002年企業改革法は、エンロンやワールドコム事件により傷ついた米国の会計、監査、コーポレート・ガバナンス、そして証券市場の評判を回復すべく行われた、1930年代以来の証券取引法の大改正でした。その第9章は、「ホワイトカラー犯罪に対する罰則強化（White-Collar Crime Penalty Enhancement）」を定めています。第906条「財務報告に関する会社責任（Corporate Responsibility for Financial Reports）」では、最高経営責任者（CEO）と最高財務責任者（CFO）に対して、財務報告の適正性の宣誓について違反があった場合には最長10年の禁固刑もしくは百万ドル以下の罰金、またはその両方、故意の違反などには、最長20年の禁固刑もしくは5百万ドル以下の罰金、またはその両方を科すという厳しい刑事責任を定めました。これにより、上場企業の経営者の財務報告に関する粉飾を刑事犯罪として、より厳しい量刑の指針を示しました。さらに同法では、証券不正や調査妨害のための文書破棄の犯罪行為には25万ドル以下の罰金もしくは25年以下の懲役、またはその両方を科し、不正により財務報告に修正の申告があった場合にはCEOやCFOにボーナスや自社株の売却益を返還させることを定めました。ホワイトカラーの証券犯罪には厳罰が科されているのです。

　　　　　　　　　　　　　　　　　　　　　　　　　　　　（濱田）

〈関連項目〉
US-SOX（Q6）、コーポレート・ガバナンス（Q10）

Q14 組織体犯罪とは何ですか？

1．「職業上の不正と濫用」と「組織体犯罪」

　組織の構成員が、私腹を肥やすために、自らの職業を利用して、雇用主の資源もしくは資産を意図的に誤用または流用することを「職業上の不正と濫用（Occupational Fraud and Abuse）」と呼びます。これに対して、会社や団体などの合法的な組織体自体が、その組織体の目標達成のために行う違法行為を「組織体犯罪（Organizational Crime）」と呼びます。組織体が企業の場合には「企業犯罪（Corporate Crime）」と呼ばれます。ここでは、暴力団などの不法な組織や専ら犯罪行為を行うことを目的として結成される犯罪組織（Crime Organization）が行う犯罪（Organized Crime）は含まないこととします。

2．組織体犯罪の特徴

　組織体犯罪は、組織の決定によって、組織の利益のために行われるもので、企業の経営陣など、組織のトップの命令や示唆によって犯行が行われることが多くなります。その犯罪は、組織的に計画され、隠ぺいされるため、発見や摘発、捜査と立件が難しくなる特徴をもっています。したがって、個人の私腹を肥やすための犯罪とは違い、犯罪を行っているという意識が希薄になります。犯罪に加担した者の忠誠心や利益への貢献が評価されたり、摘発された場合に同情されたり、運が悪かったと考えられる場合もあります。

3．組織体犯罪を誘発する企業構造

　企業は、本質的に、その収益や利益などの目標を達成することを理由にして犯罪を誘発しやすい性質を備えています。企業には、目標を最大化するために、既存の従業員と類似した人間を集め、組織人として行動することを促し、企業への忠誠心を奨励する姿勢があるからです。企業が、犯罪行為を正当化する場合、犯罪による目標達成が株主や従業員の利益、あるいは雇用に役立つと考えたり、関係する法律や規制が不当なものであると考えたりすることがあります。企業の経営者が、そして上司が、倫理に反する意思決定に大きな影響力を及ぼすので、その倫理観が揺らぐことがないようにすることが必要なのです。

4．組織体犯罪を防止する

　組織体犯罪が明るみに出ると、不祥事・スキャンダル（Scandal）として報道され、組織の評判（Reputation）は凋落し、事業に大きな悪影響を及ぼします。したがって、組織は犯罪行為を隠し通そうとし、そして、長期的に繰り返す傾向があります。過去にも長く続いた組織体犯罪が、内部告発によって暴かれる事例が多くありました。健全なコーポレート・ガバナンスや企業の社会的責任、企業倫理の重要性に対する社会的な関心の高まりによって、社会は組織体犯罪に対して年々厳しい目を向けています。事業を行う組織体自体の倫理的な行動が求められており、経営者が正しい経営理念・企業文化・倫理的風土を醸し出し、組織として倫理や行動の指針と具体的な行動規範を示していくことが組織体犯罪を防止するために重要なのです。経営者による企業犯罪を含む不正に関する明文化された方針が示されたうえで、不正のリスクを評価し、その防止策と発見方法、報告と調査のプロセスを確立して継続的な運用と見直しのサイクルを回していくことが、すべての組織に必要とされているのです。
　　　　　　　　　　　　　　　　　　　　　　　　　　　　（濱田）

Ⅱ章

不正の種類とスキーム

1．企業財務にかかわる不正

Q15 不正の体系図「フロード・ツリー」とは何ですか？

A

1．職業上の不正と濫用の分類

　職業上の不正と濫用は、汚職、資産の不正流用、そして、財務諸表不正を含む不正な報告の3種類に分類することができます。これを次頁の図の様に樹形図にしたものが「不正の体系図（Fraud Tree：フロード・ツリー）」と呼ばれています。

- 「資産の不正流用（Asset Misappropriation）」とは、組織の資産の窃盗や濫用を意味します。具体的な例には、収入をかすめ取ったり、在庫を盗んだり、給与をだまし取ったりすることなどがあげられます。
- 「不正な報告（Fraudulent Statements）」とは、読み手を欺く目的で、組織の財務情報を意図的に誤報することを意味します。具体的な例には、収益の水増し、負債や経費の過小表示などがあげられます。
- 「汚職（Corruption）」とは、組織に対する義務や他人の権利に反して、自分自身や他者の利益を得るために、商取引における自らの影響力を悪用する行為を意味します。具体的な例には、キックバックの受領、利益相反行為などがあげられます。利益相反行為（Conflict of Interest）とは、一方の利益になることが他方への不利益になる行為です。　　　　（濱田）

▶不正の体系図「フロード・ツリー」◀

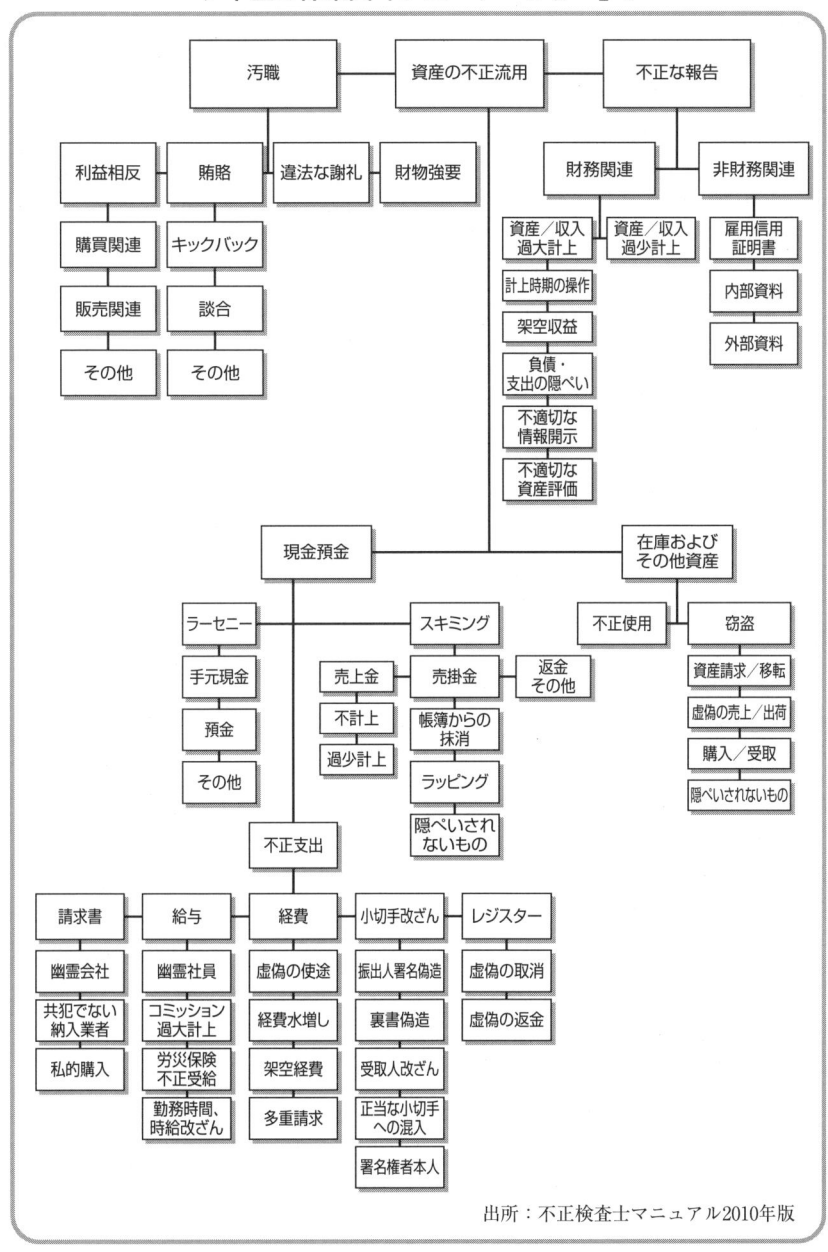

```
                    汚職 ─── 資産の不正流用 ─── 不正な報告
                     │              │                │
    ┌────┬────┼────┬────┐          │         ┌──────┴──────┐
  利益   賄賂  違法な  財物       （下へ）      財務関連    非財務関連
  相反         謝礼   強要
    │     │
  購買  キック                              資産／収入   資産／収入    雇用信用
  関連  バック                              過大計上     過少計上      証明書
    │     │
  販売   談合                               計上時期の操作            内部資料
  関連    │
    │   その他                              架空収益                  外部資料
  その他
                                           負債・
                                           支出の隠ぺい

                                           不適切な
                                           情報開示

                                           不適切な
                                           資産評価
```

```
        現金預金 ──────────────────── 在庫および
          │                              その他資産
  ┌───────┼───────┐                   ┌────┴────┐
ラーセニー       スキミング             不正使用    窃盗
  │         ┌────┼────┐                         │
手元現金   売上金  売掛金  返金              資産請求／移転
  │         │     │    その他
 預金     不計上  帳簿からの                虚偽の売上／出荷
  │         │    抹消
 その他   過少計上  │                      購入／受取
                 ラッピング
                   │                       隠ぺいされないもの
                 隠ぺいされ
                 ないもの

                 不正支出
```

```
  ┌─────┬─────┼─────┬─────┐
 請求書   給与   経費   小切手改ざん  レジスター
  │       │     │         │           │
 幽霊会社 幽霊社員 虚偽の使途 振出人署名偽造 虚偽の取消
  │       │     │         │           │
 共犯でない コミッション 経費水増し  裏書偽造   虚偽の返金
 納入業者  過大計上    │         │
  │       │        架空経費   受取人改ざん
 私的購入  労災保険    │         │
          不正受給   多重請求   正当な小切手
          │                   への混入
          勤務時間、            │
          時給改ざん           署名権者本人
```

出所：不正検査士マニュアル2010年版

1　企業財務にかかわる不正

Q16 財務諸表における不正とは何ですか？

1. 財務諸表不正（Financial Statement Fraud）とは

　財務諸表不正とは、財務諸表の利用者を欺くために、財務諸表の金額や開示事項に関して意図的に虚偽記載や脱漏を行い、企業の財務状況を故意に虚偽表示（Misstatement）することを指します。

　会社が粉飾（Window Dressing）を行ったり、帳簿を改ざんする（Cook the Book）のは、この不正行為自体が目的ではなく、多くの場合は会社の目標を達成するために、あるいは、その目標達成への妨げを解消しようとするために、「時間を稼ぐ」ことが目的です。経営者が、粉飾決算によって会社の株価を上げて、あるいは株価の下落を防いで、所有株やストック・オプションで利益を得たケースもありますが、過去の多くの財務諸表不正では、経営者がその地位を保つことが強い動機となっていました。

　財務諸表の不正は、多くの場合、収益・利益・資産の過大な表示や費用・損失・負債の過小表示により、業績を上方修正する行為です。しかしながら、故意に業績を下方修正することにより、業績を平準化したり、翌期の業績回復を偽装したりすることがあります。

2. 誰が財務諸表不正を犯すのか

　財務諸表不正を犯す者は、関与の可能性の高い順に以下のように分類することができます。

①経営者の財務諸表不正

　多くの財務諸表不正は経営者が関与したものです。経営者は会社の業績

に対して強いプレッシャーを受けており、財務諸表不正を犯す動機をもっています。また財務諸表の作成に関して粉飾を指示できる、あるいは示唆できる権限や機会をもっているからです。

②組織中間層以下の財務諸表不正

会社組織の中間層以下が財務諸表不正を犯す場合もあります。担当する子会社や部門が業績不振に陥った場合には、それを隠ぺいするための財務諸表不正への強い動機をもつことになります。あるいは、資産の盗難や紛失を隠ぺいするために伝票を操作することもあるでしょう。

③組織的犯罪者の財務諸表不正

組織的犯罪者が、金融機関から不正に融資を引き出す、あるいは株価操作をして市場から利益を得るために財務諸表不正を行う場合もあります。

3．経営者はなぜ財務諸表不正を犯すのか

経営者不正である財務諸表不正が行われる理由の多くには、以下のものがあります。これらが、経営者不正が行われる動機となるものです。

①会社業績の実態を隠ぺいするため

会社の財務諸表を実際より良くみせるのには、会社の目標を達成するため、資金を調達するため、融資の契約条項を守るため、会社や部門の売却価格を高くするため、株価を維持するためなどの理由があげられます。

②自分の地位や支配力を維持するため

経営者は、業績を落として辞職を迫られることを嫌い、事業の失敗を認めることを嫌う傾向があります。

③自分の収入や財産を維持するため

経営者の報酬が業績と連動している、自社株やストック・オプションを保有しているといったことが自分の利益のために不正を行う理由となります。

(濱田)

Q17 財務諸表における不正が起こる兆候はありますか？

A

不正は隠ぺいされると発見が困難になります。Q1に対して解説したように、財務諸表に関する不正が行われる場合には、動機・プレッシャー（Incentive/Pressure）、機会（Opportunity）、そして姿勢・正当化（Attitude/Rationalization）という不正リスク要因がみられます。財務諸表に関する不正が行われているときの兆候（Red Flags）は、不正リスク要因ごとに整理することができます。

① 「動機・プレッシャー」としてみられる兆候

- 財務的な安定性や収益性が、過度の競争、市場飽和、技術の変化、需要減、会計基準、規制や法令の変更などの、経済状況や産業の変化によって脅かされている。経営破綻、担保権実行、買収を招くような営業損失があったり、逆に急激な成長や異常な高利益を表していたりする。
- アナリストや投資家の過度の期待、資金調達の必要、上場基準や借入の制限条項、契約などにより、経営者が業績に関して過大な圧力を受けている。
- 経営者個人が企業と大きな利害関係を有している、業績連動報酬が経営者報酬の多くの部分を占めている、経営者が会社の債務を個人保証しているなど、会社の業績が経営者の個人財産に影響を及ぼしている。
- 経営者や営業部門が掲げた収益や利益率などの目標達成に関して、取締役や経営者からの過大なプレッシャーが存在する。

② 「機会」としてみられる兆候

- 監査を受けていない関連当事者（Related Party）との取引、異常な取引、

複雑な取引、立証が困難な見積もりなどがある、仕入先や販売先に強い支配力をもっている、事業環境や文化の異なる国での取引、租税回避地域での子会社や銀行口座があるなどの事業特性がある。
- 経営が1人もしくは少数の者により支配され統制がない、財務報告プロセスや内部統制に関する取締役による監視が効果的でないなど、経営者に対する監視が不十分である。
- 会社所有者の識別が困難、通常ではない法的実態や権限系統、経営者の頻繁な交代があるなど、組織構造がきわめて複雑あるいは不安定である。
- 不適正なモニタリング、著しく高い退職率、能力が低い会計・内部監査・ITのスタッフ、有効ではない会計や情報のシステムが存在するなど、内部統制が不備を有している。

③「姿勢・正当化」としてみられる兆候
- 経営者から有効な経営理念や企業倫理の伝達がない、あるいは不適切な経営理念や企業倫理が伝達されている。
- 財務・会計を担当していない経営者が、会計方針の決定や重要な会計上の見積もりに過度に関与している。
- 経営者に関して、過去の不正や法令違反、株価や利益への過剰な関心、アナリストや債権者などの外部への非現実的な業績予想、内部統制の重大な欠陥の未是正、税金を理由とした不適正な利益の過小化などがある。
- 経営者が、重要性が低いことを理由に不適切な会計方針の適用を図る。
- 経営者と監査人の間に緊張関係がある。

　高い倫理観に根ざした経営者の姿勢を明示することが、組織内に同様の価値観を維持する鍵となり、不正の防止に役立ちます。経営者が組織内に、また、取締役会が経営者の執行に目を配り、不正を働くようなプレッシャーを減らす、機会を取り除く、そして不正を正当化する理由をなくすことが、財務諸表不正を防止するのに役立ちます。

(濱田)

Q18 財務諸表における不正により、財務諸表にどのような影響があるか教えて下さい。

A

1. 不正による財務諸表への影響

　財務諸表不正では、多くの場合、収益や資産を過大表示し、費用や負債を過小表示して、純資産を過大表示することにより、会社の財政状態や業績を実際より良く見せることが行われます。この不正による財務諸表への影響は、不正の手口によって以下のように5分類することができます。なお、財務記録は複式簿記によって維持されるので、不正によって複数の勘定科目に影響が及ぶこと、複数の手口が組み合わされることが多いことに留意する必要があります。

①架空収益（Fictitious Revenues）
　架空の収益、または収益ねつ造の手口では、実際には販売されていない商品やサービスの売上計上等が行われます。架空収益の計上のほかに、買い戻し条件付き売上の計上という手口もあります。

②計上時期の操作（Timing Differences）
　計上時期の操作は、不当な時期に収益や費用を計上する手口などで、収益や費用を別の時期に動かして恣意的に利益を増減させます。

③不適切な資産評価（Improper Asset Valuation）
　不適切な資産評価の手口では、棚卸資産や売掛金の過大表示、資産にならないコストの資産計上や資産の意図的な誤分類、固定資産や買収した事業の不正表示など、資産の評価や見積もりの操作などが行われます。

④負債や費用の隠ぺい（Concealed Liabilities and Expenses）
　負債や費用の隠ぺいの手口では、購入や消費を無視する、返品や値引き

の見積もりを計上しないなど、負債や費用の計上を意図的に脱漏することや、費用を意図的に資産計上することなどが行われます。

⑤**不十分な開示（Improper Disclosures）**

不十分な開示の手口では、負債や保証、後発事象、会計方針の変更や経営者不正や利害関係者との取引など、財務諸表を使用する可能性のある投資家や債権者などに必要な情報を隠ぺいすることなどが行われます。

2．財務諸表不正の発見（Detection）と防止（Prevention）

不正な財務諸表を作成する方法としては、財務報告プロセスを都合良く利用したり、抜け穴を利用したり、ときには無視が行われます。取締役や内部監査として、財務諸表不正を発見するためには、不正に関する知識を備え、社内の情報に気を配り、不正リスク要因を識別し、評価することが必要です。分析的な手続（垂直分析、水平分析などの構成比分析やさまざまな財務指標の比率分析）とフィールドワークやインタビューによって、会計記録や証憑の矛盾、異常、欠落を発見したら、不正の可能性を疑い、追加証拠の取得、精査、評価を行います。結果は組織内の不正関与者より上位となる階層に、必要な場合には弁護士に報告して、さらなる調査と対応について協議します。最高経営責任者の不正関与が疑われる場合には、委員会等設置会社であれば監査委員会に、監査役設置会社では監査役に報告をします。

不正の防止は発見よりも費用対効果が高いので、組織はガバナンスの一環として不正リスク管理の方針を定め、防止手段、発見技法、報告・調査・是正プロセスを確立しておくことが必要です。手続の統制のみならず、統制環境の整備として、倫理観に根差した経営者の姿勢と文書化された会計と開示の方針と手続を従業員に周知徹底することが重要です。　　　（濱田）

Q19 資産の不正流用とは何ですか？

1. 資産の不正流用（Asset Misappropriation）とは

　職業上の不正行為のうち最も多いのが資産の不正流用です。不正流用とは、窃盗や着服だけではなく、資産を不正利用することも含みます。たとえば、社有車という会社の資産を勝手に私用で運転することは資産の不正流用にあたるのです。この不正は、Q15で解説したフロード・ツリーで表されるように、現金の窃盗の手口、不正な支出、そして、資産の不正使用や窃盗の3通りに分類することができます。

①現金の窃盗の手口（Cash Receipts Schemes）

　小口現金から銀行預金まで、現金はさまざまな手口で窃盗の対象となりえます。現金の窃盗の手口は、現金が会計システムに記帳される前に抜き取る手口（スキミング）と、帳簿上に記帳されている現金を窃盗する手口（ラーセニー）に大別することができます。

②不正な支出（Fraudulent Disbursements）

　不正支出の手口では、社員が不正な目的で会社資金を支出します。不正な支出は、会社資金の正規の支出を装って行われます。不正支出の手口は、キャッシュ・レジスターからの架空の返金や売上取り消し、虚偽の請求や経費精算、給与の不正、会社小切手の偽造などさまざまなものがあります。

③資産の不正使用や窃盗（Misuse and Larceny of Inventory and All Other Assets）

　資産の不正使用や窃盗の手口は、在庫や備品、消耗品、その他の現金以外の資産を盗んだり、不正使用したりするものです。知的財産や情報など

の無形資産がその対象となる場合もあります。不正使用されやすい資産としては社有車、コンピュータ、消耗品や備品などがあります。

2. 資産の不正流用の発見と防止

　資産の不正流用がなされると、資産が有形資産であれば資産の実際有高は帳簿上の借方残高よりも少ない状態となります。犯行者は、発覚を防ぐために、虚偽の資産を偽装したり、虚偽の値引、返品、貸倒、棚卸減耗などの費用を計上したりして貸借の不一致を解決する隠ぺい工作を行うかもしれません。

　資産の不正流用を発見・防止するためには、まずは資産の物理的な保全と管理を行うことです。現金や預金を取り扱う者を制限し、資産と備品の管理を徹底し、在庫や固定資産の実地棚卸と帳簿との照合手続を定期的に実施します。業務プロセスを複数の者や部署により行われるように設計し、相互けん制により統制を強める職務の分離（Segregation of Duty）が重要です。重要な資産を取り扱う担当の業務ローテーションや休暇取得、抜き打ちの内部監査などの不正防止策を周知することも犯行の防止に有効です。組織はガバナンスの一環として不正リスク管理の方針を定め、防止手段、発見技法、報告・調査・是正プロセスを確立しておくことが必要です。また、他の手口の防止と同様に、倫理観に根ざした経営者の姿勢や資産の取り扱いと会計の方針と手続を従業員に周知徹底することなどの全般的統制を整備することが重要です。

〔濱田〕

〈関連項目〉
スキミング（Q20）、ラーセニー（Q22）、フロード・ツリー（Q15）

Q20 スキミングとはどんな手口ですか？

A

1．スキミング（Skimming）とは

　小口現金から銀行預金まで、現金はさまざまな手口で窃盗の対象となりえます。現金の窃盗の手口は、現金が会計システムに記帳される前に抜き取る手口（スキミング）と、帳簿上に記帳されている現金を窃盗する手口（ラーセニー）に大別することができます。スキミングは、「簿外（Off-book）の窃盗」とも呼ばれ、未だ記録されていない金銭が盗まれるので、犯行が行われたことを発見しにくい手口です。販売員や出納係など、業務上で現金の受領に携わる多くの者が犯行を行うことができ、業務に現金が係わる場面のどこでも起こりうる犯罪です。

①売上金のスキミング

　最も基本的なスキミングは、従業員が商品やサービスの提供を行い、売上代金を受領しながら、売上記録を残さず、着服をする手口です。キャッシュ・レジスターを不正に操作する、営業時間外や営業所外で営業するなどの手口があります。売上金の窃盗は、売上の不計上、現金受領の不計上、在庫減の不計上、実地棚卸の偽装、在庫を抹消する費用の計上等の影響を財務諸表に及ぼします。

②売上の過小計上

　不正の実行者が、取引を記帳する際に実際の金額よりも過小計上することにより、差額の現金をスキミングする手口もあります。キャッシュ・レジスターに顧客に販売した商品代金よりも安い金額を入力したり、少ない数量を入力したりする、定価販売を値引きが行われたように偽装するなど

の例があげられます。販売と集金、記帳を1人が担当しているとこの手口による犯行を許すことになります。掛売上の場合にはスキミングの手口はより複雑になります。

2. スキミングの発見（Detection）と防止（Prevention）

　スキミングの発見には、売上勘定の垂直分析や水平分析、比率分析により売上高が除外された可能性を示す変化を読み取ること、定期的な実地棚卸に加えて抜き打ちのチェックにより売上除外による棚卸資産の減耗を見つけることなどが有効です。また現金勘定・在庫勘定の不規則な記帳、売掛金の貸倒、在庫の紛失・盗難・陳腐化等に関する償却の仕訳記帳に目を配ることにより発見することができるでしょう。

　スキミングの防止には、売上と入金、記帳の諸手続に係る内部統制を再度点検し、必要であれば修正を加え、会社の不正発見と防止に対する厳しい姿勢を従業員に周知することが必要です。

　売上と現金受領のプロセス・レベルでは、売上手続の監視や現金・小切手の取り扱いを厳格化し、キャッシュ・レジスターや郵送による小切手の受領までを含めた現金受領プロセスのコントロールを整備します。

　全般的統制としては、倫理観に根差した経営者の姿勢と文書化された売上記帳の方針と手続を従業員に周知徹底することが重要です。これには、売上取引の記帳に関しての職務分離、会計システムへのアクセス管理、現金を含む会社資産の管理が含まれます。　　　　　　　　　　　（濱田）

〈関連項目〉
ラッピング（Q21）

Q21 ラッピングとはどんな手口ですか？

A

1. ラッピング（Lapping）とは

ラッピングは売掛金のスキミングの隠ぺいに最も頻繁に使用される手口です。この手口では、窃盗を行った顧客勘定を埋め合わせるために別の顧客勘定からの充当が行われ、さらにその顧客勘定を埋め合わせるための手段を講じることが必要になり、「自転車操業」的に犯行が行われます。この手口は、不正が発見されるまで繰り返されるのが特徴です。

たとえば以下のような犯行が行われます。

①顧客Aからの小切手による売掛金入金をスキミング
②入金通知を偽造したり支払督促状を握りつぶして①を隠ぺい
③顧客Bからの小切手を顧客Aの売掛金に入金充当
④顧客Bへの書類偽造
⑤顧客Cや顧客Dからの支払いで顧客Bの売掛金に入金充当
⑥上記を次々に繰り返す

ラッピングの手口では、隠ぺい行為が長期化し、手口が非常に複雑になることがあるため、犯行者が支払の実態と充当や隠ぺい行為を管理するために行った犯行の記録が発見されることもあります。隠ぺいには以下のような手口があります。

①顧客口座明細書の改ざん

顧客の支払金が着服されて入金記帳がされなければ滞留売掛金となります。これを顧客に気づかせないために、勘定明細書や支払遅延通知書が顧客に送付されないようにしたり、明細書の改ざんや偽造をしたりする手口

です。多くの犯行は顧客からの問い合わせにより発覚しています。

②不正な帳簿記入

　隠ぺいが長期化しても問題は解決しないので、着服した顧客口座の勘定に関して虚偽の記帳を行ってしまう手口です。経費勘定を借方記入し売掛金を貸方記入する、貸倒償却、割引や値引などの勘定を借方記入するなどが行われます。

2．預金のラッピング

　預金の窃盗を隠ぺいするためにラッピングの手口が用いられることもあります。現金を会社の預金口座から着服し、別の預金口座から埋め合わせたり、翌日の入金で埋め合わせたりします。次から次へとさらに埋め合わせが続けられることになります。

3．ラッピングの発見と防止

　ラッピングは、売上金残高や預金残高の確認手続によって発見することができます。監査による照会手続は勿論のこと、売掛金では顧客に繰越・発生・入金・残高を明示した明細書を送付し、預金では定期や臨時の残高と銀行明細書や通帳との照合手続を含む継続的なモニタリングが必要です。内部通報制度の整備と周知により、顧客や同僚からラッピングの疑いについての情報を入手することもあります。

　ラッピングの防止には、売上と入金、記帳の諸手続に係る内部統制を再度点検し、必要であれば修正を講じ、従業員には会社の不正発見と防止に対する厳しい姿勢を周知させることが必要です。売掛金管理と預金管理のプロセス・レベルでは、売掛金回収手続の監視や預金の取り扱いを厳格化してコントロールを整備します。全般的統制としては、倫理観に根ざした経営者の姿勢、さらに文書化された売掛金と預金管理の方針と手続を従業員に周知徹底することが重要です。

　　　　　　　　　　　　　　　　　　　　　　　　　　（濱田）

Q22 ラーセニーとはどんな手口ですか？

1. ラーセニー（Larceny）とは

現金の窃盗の手口は、現金が会計システムに記帳される前に抜き取る手口（スキミング）と、帳簿上に記帳されている現金を窃盗する手口（ラーセニー）に大別することができます。ラーセニーは英語で「窃盗」を意味しますが、職業上の不正におけるキャッシュ・ラーセニーは、会社の会計記録済みの現金や預金を、会社の承諾なく、意図的に奪う手口です。会社は現金の受領・支払、預金の預入・払出を必ず行うので、すべての会社で犯行の可能性があり、業務上現金や預金に携わる多くの者が犯行に手を染める可能性がある犯罪です。

①キャッシュ・レジスターからのラーセニー

最も単純な手口はキャッシュ・レジスターから現金を抜き取ることです。レジスターと現金残高の不一致により犯行は容易に発覚するので、小切手や伝票で帳尻を合わせたり、レジスター記録を改ざんしたりする隠ぺいが行われます。

②受領小切手のラーセニー

売上金の回収などで顧客から受領した小切手が、領収が記録された後に窃盗の対象となる場合があります。現金勘定の不足により着服は容易に発覚するので、返品や値引きを偽装して隠ぺい工作が行われる可能性があります。

③預金からのラーセニー

受領した現金や小切手が預金への預け入れがなされる前に窃盗の対象と

なる場合もあります。現金や小切手の銀行預金伝票を作成し、口座への入金がなされ、預金勘定への記帳が行われ、銀行勘定明細表の照合がなされるという一連の手続きの統制が守られていればラーセニーは容易に発覚します。しかしながら、手続が１人で行われていたり、決められた手順が守られていなかったりすれば隠ぺいが長びく可能性があります。

2．ラーセニーの発見と防止

　ラーセニーは、現金の受領と記録を丁寧にモニタリングすることにより発見することができます。毎日のキャッシュ・レジスターの記録確認と釣銭の回収、小切手を含む現金残高の確認、預け入れプロセスなどに関する統制の徹底により発見が容易になります。また、キャッシュ・レジスターの現金や預金預け入れ、売上・返品・値引などの分析的なレビューによっても発見されることがあります。

　キャッシュ・ラーセニーの主な防止策は、職務の分離です。１人で集金、預金、会計記録、支払を担当することがないようにするべきでしょう。また、担当する業務のローテーションと休暇取得を徹底すること、現金預金の物理的な保全や抜き打ちでの現金精査などを含めた不正防止策を周知することが犯行の防止に有効です。そして他の手口と同様に、全般的統制として、倫理観に根差した経営者の姿勢と文書化された現金・預金の取り扱いの方針と手続を従業員に周知徹底することが重要です。　　　　（濱田）

Q23 クレジットカードや小切手に関する不正にはどのような手法がありますか？

A

1．クレジットカードに関する不正
①クレジットカードを用いた不正の手法

　クレジットカードを用いた不正には、会社のクレジットカードを用いた不正と個人のクレジットカードを用いた不正があります。

　会社のクレジットカード（法人カード）を用いた不正の代表的なものには、会社のクレジットカードを使ってすでに会社の経費となっているものについて、領収書を用いてさらに経費精算として二重に会社に対して請求する手法、会社のクレジットカードを私的目的に用いる手法、などがあります。

　これに対して、個人のクレジットカードを用いた不正には、私的な自己のクレジットカード利用について、領収書を用いて会社に請求する手法、販売担当者やレジ担当者が、顧客がクレジットカードで購入した商品を返品した場合の返金処理を、顧客のクレジットカードではなく自己のクレジットカード番号で処理し、不正な返金を受ける手法、架空の返品処理を行い自己のクレジットカードに返金処理をさせる手法、などがあります。出張旅費を正規料金で自己のクレジットカードで支払ったうえ、会社に請求し、いったん解約して割引料金で再度手配することも一種の不正と考えられます。

　また、顧客のクレジットカードにポイントを付す代わりに、従業員自らのクレジットカードにポイントを付与することや、顧客が現金で購入した場合に、やはり自らのクレジットカードにポイントを付すこともクレジッ

トカードを用いた不正として考えられます。

②クレジットカードを用いた不正の特徴

　会社のクレジットカードの利用については、基本的に事前承認が不要であること、会社業務として必要なものであったか、個人が便益を受けるためなのかがわかりにくいこと、会社が法人カードをもたせる人は管理職であることが多く、ある程度の権限をもつ人であることから発覚しにくくなること、などの特徴があります。たとえば、自らが法人カードや経費の承認権限者である場合や、交際費予算を有する管理職が交際費予算の範囲内で不正を行っている場合などには、なかなか発覚しにくくなると考えられます。

　個人のクレジットカードについては、プライバシー保護などから、詳細な利用状況を会社が調査することは困難であり、返品処理を悪用し個人のクレジットカードへ返金処理することやポイントの付与については、顧客からのクレームなどがないと検出が難しいのが現状です。

　法人カード、個人のクレジットカードのいずれの場合にも、金額や頻度が少ない場合は発覚しにくくなります。

③クレジットカードを用いた不正への対応

　クレジットカードを用いた不正は、上述のように発見することは簡単ではありません。内部統制を整備し運用することが必要不可欠です。被害を最小限に抑えるために、法人カードに限度額を設けること、個人別に予算管理を行うこと、領収書を精査し、領収日、筆跡、金額、使用頻度に異常性がないかどうかをチェックすること、などが有効な手段として考えられます。個人のクレジットカードを利用した不正においても、領収書に異常性がないかどうかをチェックすることは有効です。また、カードの利用記録と領収書を照合することも有効な手段です。

　このような発見するための手段と同様に重要なことは、不正を許さない、また不正をさせないといった社風や統制環境を会社全体に浸透させていくことや、不正を行わせないための従業員教育も欠かせないと考えられます。

2．小切手を用いた不正
①小切手を用いた不正の手法
　小切手を用いた不正には、裏書等の記載事項を改ざんする手法、小切手を発行するときに、正当に発行されるべきもののなかに不正な内容のものを紛れ込ませて不当な小切手を作成させる手法、白紙の小切手用紙を盗み出し、これに虚偽記載を行う手法などが考えられます。また、小切手作成権限者が、受取人欄を空白にする、消去可能なインクを用いて作成した小切手を後日改ざんするなどの手法も考えられます。

　最近は、カラーコピー機やカラープリンターが発達していますので、署名などを偽造することも比較的容易に行い得る環境にあります。したがって、小切手の発行や管理（小切手用紙の管理を含む）には十分に留意する必要があります。

　さらに、小切手については、単純な抜き取り（盗み取る）、金融機関の担当者や一般事業会社の営業担当者による顧客から預かった小切手の着服、また着服した小切手の現金とのすり替えなども考えられます。

②小切手に関連する不正の特徴
　小切手に関連する不正の特徴は、小切手を不正に作成したり、記載事項を改ざんした場合には、会社に支出内容が不明の出金が発生したり、回収されるべき金額が回収されないことになります。また、小切手の抜き取り、着服、現金とのすり替えについても回収されるべき金額が回収されず、現金過不足が多く生じることも考えられます。このように、小切手を用いた不正については、必ず、会計上の歪みが生じることとなります。発覚しないように工作するには、架空経費の計上、架空の回収遅延理由を報告するなどのさらなる不正が行われることになります。

③小切手を用いた不正への対応
　小切手の改ざんに対応するための統制手続きとしては、小切手用紙の管理を十分に行うこと、作成ミスなどで破棄した用紙も含めて、小切手発行控えの連番管理を行い証憑書類と必ず照合すること、預金口座からの引き

落とし時にも必ず引き落とし内容を確認することなどがあげられます。また、線引小切手を必ず利用することも誰の口座に入金されたかがわかるということから、不正を発見する手段として有効です。

　小切手の着服については、代金を回収する際には、事前に領収書を会社で発行し、その領収書と交換に小切手や現金を受け取るようにすること、一定の代金が滞留している相手先には営業担当者や代金回収担当者以外の人が相手先に直接問い合わせを行うことなどによる対応が有効と考えられます。さらに、クレジットカードの場合と同様に、不正を許さない、させないといった社風、統制環境を浸透させていくことや、従業員教育も不正防止に向けた有効な方法です。　　　　　　　　　　　　　　（金田）

〈関連項目〉
改ざん、不正請求、着服、架空経費、線引小切手
【アラーム】
郵便事業会社社員の小切手横領事件、三星産業横領事件

Q24

循環取引とはどのような取引ですか？
架空循環取引にはどのような問題がありますか？

A

1. 循環取引とは

①循環取引とはどのような取引か

循環取引とは、複数の企業・当事者が、商品・製品の販売やサービスなどの相互発注や転売を繰り返すことを指します。A社からB社へ、B社からC社へ、そしてC社からまたA社へといったように、取引の起点となった会社に戻り、その流れが繰り返される（循環する）ことから「循環取引」と呼ばれます。

たとえば、取引の当事者がA、B、Cの3社だとすれば、A→B（売上100、売上原価90、利益10）、B→C（売上110、売上原価100、利益10）、C→A（売上120、売上原価110、利益10）といった取引を繰り返す（循環する）ことを指します。

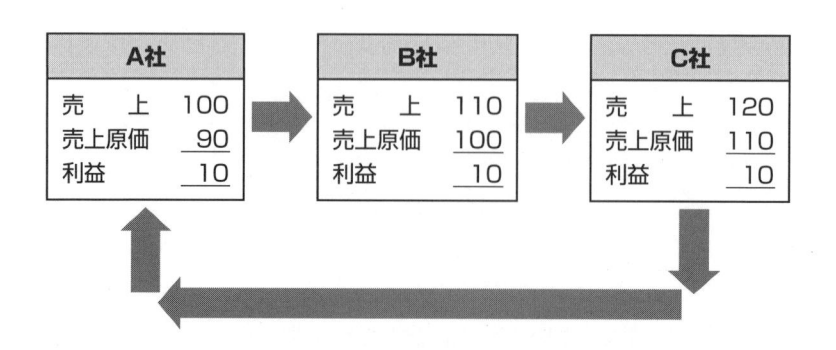

A社		B社		C社	
売　　上	100	売　　上	110	売　　上	120
売上原価	90	売上原価	100	売上原価	110
利益	10	利益	10	利益	10

このような循環取引は、たとえば次のような目的で行われます。すなわち、①循環取引に関わっている会社の信用を作るため、②今後も継続的に取引関係を構築していくことを考慮して利益を分け合うため、③信用力のある会社を関係させることで商品の価値を上げるため、④商品価格をつり上げるため、⑤取引金額をかさ上げして売上高を大きくし企業の成長性を高くみせるため、⑥資金提供の代わりに取引の形式を整えて金融効果をもたらすため、などです。

②取引実態の有無

　循環取引は、業種特有の取引慣行等により、取引の実態があるケースもありますが、ほとんどの場合は、実態のない取引であると考えられ、商品そのものが最終の消費者に販売されることはありません。

　複数の企業・当事者の間で転売が繰り返されるだけです。

　循環取引においても、通常の取引と同様に、契約書や覚書等の書面を取り交わすとともに資金決済が行われますが、資金がまわらなくなるといずれは行き詰まることとなります。書面がきちんと作成され、資金決済も実際に行われるため、取引に関係する会社が多くなると循環の輪が広がり、発覚しにくくなるという特徴があります。また、信用力の高い会社が知らない間に循環取引のなかに組み込まれてしまうこともありますので、注意が必要です。

③架空循環取引とは

　架空循環取引とは、実際には存在しない商品や製品について、複数の会社間で商品や製品（あるいはサービスのケースもあります）の売買がいかにも実在しているように取引を仮装して、売上や利益を計上することです。取引自体が完全に実態のない架空取引であることから「架空循環取引」と呼ばれます。

2．類似取引

　循環取引のように複数の会社間を循環するわけではありませんが、当期

末に出荷し売上を計上するものの、翌期に必要のない分を持ち戻る（返品）取引も一種の循環取引とみることができます。このような操作を行うと、売上を計上した当期には表面上は売上や利益が生じますが、翌期になって返品されてくる結果を考えると、出荷と返品に係る輸送関連費用や入出荷に関係する人件費や経費といったコストのみが生じてしまうこととなります。

3．架空循環取引等の問題点

　これらの取引は、実態がないにもかかわらず取引を仮装して、架空の売上や利益を計上してしまう不適切な会計処理につながります。いわゆる「粉飾決算」です。架空循環取引は、その原因が従業員の個人的動機によるものであっても会社に厳しい法的罰則が科されることになります。もちろん、個人にも不正を行った責任が生じることはいうまでもありません。

4．架空循環取引等が行われる原因

　不適切な架空循環取引や翌期の返品取引が行われる原因は、より多くの売上を計上しているようにみせたいという動機がほとんどであろうと思われます。それが、会社としての決算をよくみせたいという場合であっても、予算達成のためにという場合でも、動機としては基本的には同じということができるでしょう。

　知らない間に循環のなかに組み込まれてしまうこともありますが、そのような場合でも書面の交換や資金決済だけで売上や利益を計上できるという誘惑に負けてしまい、不適切な取引かもしれないと気づいていながら目をつぶってしまったことが大きな原因と考えられます。

5．対応策

　このような不適切な循環取引については、循環取引が起きないような内部統制やチェック体制の確立が必要です。とくに、経理部門が適切にその

役割を果たしてチェックしていれば、未然に防ぐことができる可能性は高いと思われます。

　また、不適切な循環取引が生じやすいかどうかは、経営者の意識や会社の組織風土（経営環境）に負うところが非常に大きいと考えられます。経営者が自らも適切な行動を行い、また、適切な内部統制を整備・運用して、その意思を組織全体に行き渡るように表明している場合には、このような不適切な取引が行われることはほとんどないものと思われます。　（金田）

〈関連項目〉
内部統制、不正行為、経営環境、帳合取引

【アラーム】
メディア・リンクス、加ト吉、アイ・エックス・アイ、ニイウスコー、メルシャン

Q25 資産横領にかかわる不正スキームには、どのような種類がありますか？

A

1. 資産横領とは

　資産横領とは、一般的に、会社の資産を従業員が不正に着服することをいいますが、他人から預かったものを着服することも資産横領となります。また会社の資産を、会社の営業目的以外の目的で私用に用いることも広い意味での資産横領ということもできます。

　資産横領の最も典型的なスキームは、現金や預金を着服するスキームですが、現金や預金以外の会社資産である棚卸資産（商品、製品や貯蔵品としての文房具など）や固定資産（とくに、パソコンなどの什器備品）を横領する場合もあります。横領の罪は、刑法（第二編、第三十八章「横領の罪」（第252～255条））で定められています。

2. 資産横領にかかわる不正スキーム

①現金や預金の横領

　従業員や役員が自ら管理している会社の現金や預金を不正に私消（使い込み）、あるいは顧客から預かった現金、小切手や預金を不正に私消し隠ぺい工作を行うことが横領事件の典型例です。現金の横領・着服の最も単純なスキームは、現金が会社のレジ等に記録される前に抜き取る「スキミング」です。また、会社の帳簿に記録された後の現金を窃取・窃盗する「ラーセニー」もあります。ラーセニーは預金に対しても行われ、巨額の横領事件で問題となる預金の私消もその一種です。架空仕入先を設けたり、仕入先と共謀して会社に不正な支出をさせて、会社の現金や預金を横領する

スキームもあります。

②現金や預金以外の資産（棚卸資産、固定資産等）の横領

現金や預金以外にも、さまざまな資産が横領されるリスクがあります。たとえば、商品や製品などの会社が売却目的で保有している資産は市場価値があり、多くの場合は売却や処分も容易に行えるため、横領・横流しされてしまうリスクがあります。また、パソコン、テーブル、椅子、プリンターなどの固定資産や書籍、文房具なども中古品買取店やインターネット・オークションで売却されてしまうリスクがあります。

直接的な資産の横領ではありませんが、顧客に付すべきポイントを従業員が自らのカードのポイントにすること、業務で使用するパソコンや文房具を個人使用のために使ってしまうことなども一種の資産横領といえます。

3．資産横領に対する対応策

1人の従業員が、現金預金の使用、現金や預金以外の資産の持ち出し等について申請・承認・記録・保管などの権限をもっている場合には、横領の隠ぺいを含め不正が行われやすい環境といえます。資産横領を防止するには、資産に関連する職務・権限・責任の分離（職務分掌）が適切に行われていることが最も効果的な対策となります。

また、横領が起こりにくい環境として、担当業務を長年任せっきりにすることなく適時に担当業務のローテーションを行うことや、夜間や休日に入退室記録をとる仕組みを設けておくことも有効です。さらには、社内通報制度を設けることも、横領の防止および発見に役立つと考えられます。

（金田）

〈関連項目〉
ラーセニー、スキミング、不正支出、不正使用、窃盗

【アラーム】
青森県住宅供給公社、幻冬舎、西松建設

Q26

不正支出とは何ですか？
また、不正支出にはどのような種類がありますか？

A

1. 不正支出とは

　不正支出とは、正規の取引を仮装して不適切な支出を行うことを意味し、多くの場合は、現金の着服と結びついています。

　不正支出には、レジからの不正支出、小切手や手形の改ざんによる不正支出、虚偽の経費計上による不正支出、架空従業員に対する給与支払を仮装した不正支出、虚偽や改ざんした請求書による不正支出などがあります。また、これらの手法により裏金を作ることや取引先と共謀してキック・バックを受けることなどが行われることもあります。

　これらの不正支出の特徴は、不正な取引をあたかも正規の取引のように記録することにあります。

2. 不正支出の種類と内容

①レジからの不正支出

　レジ（キャッシュレジスター）からの不正支出は、架空の売上取消、返金や値引きなどのレジ操作を行って、レジから不正に現金を支出することが代表的な手法です。

　レジに記録される前に現金を抜き取るスキミングやレジに記録された現金を抜き取るラーセニー、実際の売上よりも少ない売上金額でレジを打ち込み差額を着服するアンダーリングなども広い意味での不正支出ということができます。

②小切手や手形の改ざん等による不正支出

　不正な小切手や手形を作成する（させる）ことや、小切手や手形の記載事項を改ざんすることにより会社から不正に出金させる手法です。改ざんによる場合には、小切手や手形の真正な発行先からのクレーム等が出てくるため、比較的判明しやすいといえますが、少額であったり、相手先との共謀であったり、下記③以降で説明する手法と組み合わせることにより発見が難しくなることもあります。

③虚偽の経費計上による不正支出

　実際には経費が発生していないにもかかわらず、経費が発生しているかのごとく仮装して架空経費の支払を生じさせる手法です。白紙領収書に架空の経費金額を記載して会社に請求することや、個人使用の領収書を会社の経費として請求することなどが考えられます。経費請求の頻度が多かったり、金額が巨額になるとすぐに判明しやすく、少額で頻度が少ないと発見しにくくなるということができます。

④虚偽や改ざんした請求書による不正支出

　請求書の金額を改ざんして実際の請求金額より多くの金額を支出させること、白紙の請求書の入手や自己が作成した請求書を用いて支出させること、取引先と共謀あるいは架空の仕入先を作り出し、不適切な金額で支出させることなどが考えられます。

　架空の仕入先を登録し、当該架空の仕入先の請求書を用いて不正支出が行われると一般的に発見は難しくなります。

⑤架空従業員に対する給与の支払を仮装した不正支出

　実際には実在せず、労働を提供していない架空の従業員に対して給与を支払うことです。人数の少ない会社であれば、すぐにわかってしまいますが、従業員数の多い会社や架空の非常勤従業員を利用する場合には、発見は難しくなります。また、裏金を作るために会社ぐるみで行われるケースもあります。

3．不正支出の目的

不正支出の目的の多くは、従業員による着服であるということができますが、前述したように、会社ぐるみによる裏金作りのために行われることもあります。

①従業員によるもの

従業員が個人的にあるいは外部の共謀者とともに着服するためという目的がほとんどですが、会社の資産の横領や、独断で行った取引で会社に損害を出してしまったことの穴埋めに使うためといったこともよく聞かれるところです。

また、営業活動を行う従業員にとっては、どこからが個人都合でどこからが会社都合なのかの区別が明確につけにくいことや、取引先などとの接待交際費等の予算を削られた場合に備えるためといった理由もときどき聞かれます。

②会社組織ぐるみによるもの

会社が不正支出により裏金を作る場合には、儲かっているときに裏金を作っておき、会社が苦しいときに売上等で戻したり、賄賂、地上げなどの資金に利用することもあるといわれています。

4．不正支出に対する対応策

不正支出が行われると、経費割合の増加、買掛金や未払費用の増減、在庫の回転期間の長期化などに影響しますが、異常性に気がつかない程度に巧妙に不正支出が行われると、長期間にわたって発見されないことがあります。

不正支出に対しても、内部統制の整備・運用が必要となります。通常よりも高いと思われるコストの発生、買掛金、未払金や未払費用の増減、在庫の回転期間の変化などに着目しておくことはもちろんのこと、請求書、納品書などの証憑書類と支出内容のチェック（証憑書類が改ざんされていないかどうかのチェックも含む）は不可欠となります。また、支出につい

て原則として、事前承認とし、当該支出が予算などの内容から不合理でないことなどを複数の担当者、あるいは、上司がチェックする体制も必要と考えられます。

　従業員が個人的にあるいは外部の共謀者とともに着服することを目的としている場合には、着服した個人の生活態度、生活様式が大きく変わる場合もありますので、分不相応な生活を行っているようなうわさがある場合には、念のため注意しておくことが必要な場合もあります。　　　　（金田）

〈関連項目〉
スキミング（Q20）、ラーセニー（Q22）、使い込み、横領（Q25）、改ざん、架空仕入先
【アラーム】
ダスキン不正支出事件、独シーメンス不正支出事件、荏原製作所不正支出事件

Q27 契約および調達に関する不正には何がありますか？

A

契約および調達に関する不正の代表的なものとして、価格カルテル、再販売価格の拘束、優越的地位の濫用があります。

1. 価格カルテル

事業者が、他の事業者と共同して、価格・数量・取引先の獲得などについて、相互にその事業活動を拘束することによって、一定の取引分野における競争を実質的に制限することは、「価格カルテル」と呼ばれ、禁止されています（独占禁止法第3条）。

たとえば、複数社の担当者が会合をもつなどして、商品の値上げ率を決定し、顧客に対して当該商品の値上げの申入れをするようなケースです。

価格カルテルは、当事者に「意思の連絡」が必要であるとされていますが、これには契約や協定を結ぶ必要はなく、「共通の意思が形成」されれば該当するとされています。

そして、価格の値上げについて事業者間での明示の合意までは不要で、情報交換などをしたうえで、「A社が価格の値上げをすれば、B社もそれに追随する」という暗黙のルールができている場合でも該当します。

独占禁止法に違反して価格カルテルが行われた場合には、課徴金納付命令という行政処分により、違反行為を行っていた期間の売上高に応じて課徴金を納付する必要があります。また、刑事罰として5年以下の懲役または500万円以下の罰金（両罰規定として法人等には5億円以下の罰金）に処せられます。また、違反行為の取止め・再発防止策の実施などの排除措

置命令も命じられます。さらに、これらの処分が公表されることによるレピュテーションリスクも避けられません。

2．再販売価格の拘束

商品に「メーカー希望小売価格」が設定されているものがあります。これは、メーカーが、小売業者などに対し、製品の希望販売価格を伝えるものですので、独占禁止法上の問題はありません。

ただし希望のレベルを超え、小売業者などに対し、販売価格を守らせる行為は、「再販売価格の拘束」と呼ばれ、独占禁止法違反になります（同法第2条第9項4号）。

再販売価格の拘束に該当する場合にも、課徴金が課せられます。

3．優越的地位の濫用

継続して取引する相手方に対し、正常な商慣習に照らして、自己のために金銭・役務の提供その他の経済上の利益を提供させることは、優越的地位の濫用にあたるとして禁止されています（同法第2条第9項5号）。

ここで優越的地位にあたるかどうかは、取引継続のため相手方の意向に逆らえないなどといった事情を考慮して、個別に判断されます。

たとえば、取引上優越した地位にある小売業者が、納入業者が商品を納品した後に、納入業者に責任がないにもかかわらず、その商品の納入価格の値引きを要請するといったことは、優越的地位の濫用として独禁法違反となることがあります。

そして、優越的地位の濫用行為についても、継続して行われた場合は、課徴金が課せられます。

なお、上記のような例の場合、下請代金支払遅延等防止法（下請法）が適用される当事者間での取引においては、下請法が定める代金減額の禁止にも違反することになります。

（木曽・川口）

Q28 知的財産権とは何ですか？知的財産権の不正流用はどのように行われますか？

A

1. 知的財産権とは

「知的財産権」とは、平成14年に制定された知的財産基本法で「特許権、実用新案権、育成者権、意匠権、著作権、商標権その他の知的財産に関して法令により定められた権利又は法律上保護される利益にかかる権利をいう。」と定義されています（第2条第2項）。

また、そこでいう「知的財産」には、「営業秘密その他の事業活動に有用な技術上又は営業上の情報」が含まれています（第2条第1項）。

2. 知的財産権の不正流用

さて、上記のように、知的財産権という言葉にはさまざまな異なる権利が含まれていますので、知的財産権の不正流用には、さまざまな態様があります。

たとえば、営業秘密については、自社の営業秘密が流出して他社がこれを不正流用することなどがあります。

また、知的財産権の代表ともいえる特許権については、出願前の発明が他社に流出し、当該他社によって発明が実施されたり、特許権取得行為があった場合等に、営業秘密の不正流用と関連してくることがあります。

（1）営業秘密の場合

「営業秘密」とは、不正競争防止法で「秘密として管理されている生産方法、販売方法その他の事業活動に有用な技術上又は営業上の情報であって、公然と知られていないものをいう。」と定義されています（第2条第

6項)。同法の保護を受け得る営業秘密といえるようにするためには、(ⅰ)秘密管理性、(ⅱ)有用性、(ⅲ)非公知性、の3つの要件を満たす必要があります。

そうすると、どんなに重要な情報であっても、客観的にその管理体制が不十分であれば、上記(ⅰ)の秘密管理性がなく、営業秘密とは認められないことになってしまいます。したがって、営業秘密としての保護を受けるためには、その前提として、管理体制の確立が必須となります。

では、秘密に管理されているはずの情報は、どのように流出し、他社に不正流用されるのでしょうか。

まず、外部の者による、窃盗、詐欺、強迫等不正な手段によって流出する場合があります。いわゆる産業スパイも、ここに該当します。これに対処するには、情報のセキュリティ管理を厳重にする必要があります。

次に、内部の者や取引先、あるいは、退職者より流出する場合があります。昨今、このような情報流出が増えており、情報のセキュリティ管理だけでなく、秘密保持契約の重要性が叫ばれています。

このような営業秘密の流出・不正流用を防ぐためには、(ⅰ)物的な管理と、(ⅱ)人的な管理の2つの面から対処する必要があるといえるでしょう。

(2) 特許権の場合

特許権は、登録後、出願の日から20年経過するまでの間、特許権者に独占的な権利を付与するきわめて強力な権利です(特許法第67条第1項)。

しかし、他方で、特許権を取得するために特許庁に特許出願をすると、出願の日から1年6ヵ月で、その内容が一般に公開されることとなっています(出願公開。同法第64条第1項)。そのため、第三者は、この公開情報を参考にして新たな開発をすることができますし、特許権が設定登録されなければ、公開情報そのものを利用しても特許権侵害の問題は生じません。

このように、特許権の場合は、出願公開されることが前提になっていますので、この公開情報に基づくかぎり、特許権侵害の問題は別にして、不正流用の問題は生じないといえるでしょう。

(木曽・岡田)

Q29 賄賂とは何ですか？また、どのような罰則の対象となりますか？

A

1. 賄賂の定義

まず、賄賂とは広義では「職務上の権限を有するものに対し、その見返りを受けることを期待して、その職務に関して、金銭その他の便益を供与すること」をいい、狭義では刑法の賄賂罪として規定されている「公務員に対して、その職務に関して、金銭その他の便益を供与すること（刑法第197条ないし198条）」をいいます。

2. 公務員に対する賄賂の提供

公務員の職務に関して便益を供与する行為については、受け取った側が収賄罪、送った側が贈賄罪として、それぞれ刑法で処罰対象となります。

「公務員」には、国家公務員、地方公務員のみならず、公務員とみなされる人も含まれます。たとえば、駐車監視員はいずれも民間人ですが、その職務は公務とみなされるので、駐車監視員に賄賂を渡して駐車違反を見逃してもらうと、賄賂罪でそれぞれが処罰対象となります。

公務員にこれからなろうとするものに対する便益の供与（事前収賄）、また公務員時代に不当な職務行為を行い、公務員を辞めた後に便益の供与を受けること（事後収賄）も処罰対象となっています。

次に「便益」については、金銭に限らず、およそ人の欲望を満たすに足るものであればすべてあてはまります。よって、飲食の提供や売春斡旋などもすべて便益に含まれます。

便益の供与は、実際に供与した場合のみならず、供与の約束、申し入れ

だけでも処罰の対象とされています。

　また、実際に公務員から何らかの見返りを得たことが要件ではありませんので、便益の供与の事実だけで処罰の対象となります。

　日本の賄賂罪は、職務に関連して受け取ることが要件とされていますので、社会的儀礼の範囲内での授受（お歳暮など）や、社会常識内の冠婚葬祭の金銭の授受は、許されます。

　ただし、日本の公務員は、虚礼廃止の傾向にあり、社会的儀礼すら禁じる風潮にあるので、お歳暮なども受け取らないのが通常で、贈る側も気をつける必要があります。

　なお、アメリカではFCPA（海外腐敗防止法）があり、アメリカに支店がある、決済銀行がアメリカ系であるなどといった企業が同法の対象となり、賄賂を贈ると、アメリカ以外の地域でもアメリカ法で処罰されますので、注意が必要です。

3．民間での賄賂

　日本の現行法上、民間人に対して賄賂の供与を行った場合に、これを処罰する法律はありません。

　これは、公務員の賄賂処罰が公務の廉潔性を維持し、公務の適正を確保するという目的があるのに対し、民間の場合、このような公的な要請がないためです。

　しかしながら、民間企業が賄賂の提供を受けた結果、適正な職務執行をしなかった場合は、別途の犯罪が成立する可能性があります。リベートの項目をご参照ください。

（木曽）

〈関連項目〉
リベート（Q29）

Q30 リベートとは何ですか？ また、どのような罰則の対象となりますか？

A

1．リベートとは

　まず、リベートとは、ある人物の職務上の権限による見返りを期待して、金銭その他の便益を供与する行為をいいます。

　これが公務員を相手に行う場合は、贈賄罪となり、贈ったほうも受け取ったほうも処罰されます（Q29参照）。現行法上、民間同士で上記のようなリベートのやり取りをしても、これを直接処罰する法律は存在しません。

　英語のリベートの本来の意味は「割戻金」を指し正当な取引として普及していますが、日本ではリベートが賄賂の意味合いももつため、誤った解釈を避けるためリベートではなく売上値引を使うことが多くあります。

　英語では、非合法な手数料や賄賂をkickbackといいます。

　ところが、リベートは常に犯罪と背中合わせであるのが通常であり、リベートそのものが犯罪でなかったとしても、リベートの存在が発覚すれば、それに付随する他の犯罪が発生していることが強く疑われます。

2．リベートを受け取る側について付随する犯罪

①背任罪

　ホテルの料理長やスーパーの仕入れ担当者など、複数の事業者のなかから取引する業者を決める権限をもっているような場合に、リベートをもってきた業者を取引先とするというパターンが最も多い類型で、おそらくこれらの業界では横行しているといえます。

　このような場合に、もし、その取引業者の品物が悪かったり、値段も高

かったりなどして、リベートがなければ到底取引をしないような悪い事情がある場合は、リベートを受け取った人間の所属する会社に損害をもたらす可能性があります。よって、背任罪（刑法第247条）として、5年以下の懲役または50万円以下の罰金が定められています。なお、会社の重要な立場にある人物については、さらに会社法で特別背任罪が定められており、より重く処罰されます（7年以下の懲役）。

②業務上横領もしくは詐欺

　リベート欲しさに、発注を水増しして架空の支払を行い、それを業者にプールさせてリベートなどで還元させた場合は、業務上横領罪もしくは詐欺罪が成立し、10年以下の懲役となります。

③脱税

　リベートで得たお金は、ほとんどが税務申告されませんので、所得を隠したことになります。税法上は、違法な収益でも収益である以上課税されますので、脱税による処罰があります。詳しくは、Q33をご参照ください。

3．リベートを贈る側

　リベートを贈る側は、上記のような受け取る側の犯罪に加担している立場になりますので、共犯（刑法第60条）として、同様の処罰を受ける立場にあります。その他、独自の犯罪としては、次のようなものがあります。

①脱税

　リベート資金を捻出するために、裏金作りをする場合が多く、売上除外や費用増加などの手法を使って、脱税をしている例が多いです。

②会計上の不正

　同様に、リベート資金を捻出するために、会計処理を偽る場合があります。

（木曽）

〈関連項目〉
賄賂（Q29）、税務不正（Q33）

Q31 談合とは何ですか？また、どのような罰則の対象となりますか？

A

1. 談合とは

　談合とは、広い意味では「特定の商品、サービスについて競争関係にある者同士が、競争することを求められているにもかかわらず、お互いの利益確保を目的として、競争をせずに話し合いで結論を導くこと」を差します。

　競争することを求められる場合とは、入札制度に基づく発注、自由市場における同業者同士などがこれにあたります。

2. 談合についての罰則

　現行法上、談合行為を処罰の対象としている法律は3つあり、それぞれ適用される範囲や対象者が異なるので、整理が必要です。

①刑法上の談合（刑法第96条の3）

　刑法では、公の入札について談合した行為を処罰します。公の入札に限られるので、民間が発注する際の談合は、不処罰です。ただし、1回きりの談合でも処罰の対象になります。

　法定刑は、2年以下の懲役または250万円以下の罰金です。法人処罰規定はありません。

②独占禁止法上の談合（独占禁止法第2条第6項）

　独占禁止法では、談合という用語は用いられておらず、不公正な取引行為という規制の一類型として、談合がこれに含まれると解釈されています。

　独占禁止法で処罰される談合は、一定の市場について、相互に拘束性を

Ⅱ章　不正の種類とスキーム

もった合意を行い、ある程度の継続性をもった取引制限を行うことが必要です。

よって、刑法とは違い、1回きりの談合行為は独占禁止法上の談合にはなりません。他方で、刑法とは違い、民間の発注する入札でも成立することになります。

なお、談合によく似た概念として、カルテルというものがあります。

これも不当な取引制限の一形態であり、市場価格の引き上げなどを狙って、同業者同士で示し合わせて、一斉にかつ同じような値上げ幅で、シェアを維持しながら値上げを実現するものです。

罰則は、5年以下の懲役または500万円以下の罰金、法人については5億円以下の罰金とされています。

さらに、行政罰として課徴金制度があり、談合関係から離脱した時点からさかのぼって3年分の総売上高の10パーセント（大規模製造業の場合）が課せられます。また、談合を主導した企業については、課徴金5割増の加算制度もありますので、場合によっては数百億円の課徴金が課せられます。

③官製談合防止法

近年、知事や地方公共団体職員など、公務員が談合に手を貸して賄賂を得ていたという事件が多発したため、これを防止するために、公務員が談合に関わった場合はより重く処罰され、5年以下の懲役または250万円以下の罰金となります。

　　　　　　　　　　　　　　　　　　　　　　　　　　（木曽）

〈関連項目〉
価格カルテル（Q27）

Q32 破産不正とは何ですか？

1. 破産犯罪

破産宣告の前後には、破産者が、破産債権者の利益を害するような行為を行うことがあります。

たとえば、財産の隠匿や特定の債権者への弁済などです。

このような行為は、「破産犯罪」と呼ばれ、刑法による処罰の対象にもなりますが、破産法においても「第14章　罰則」に規定されています。

このうち代表的なものには、以下のようなものがあります。

2. 詐欺破産罪

破産手続開始の前後を問わず、債権者を害する目的で、次のいずれかに該当する行為をした場合は、処罰されます（詐欺破産罪　破産法第265条第1項）。

① 債務者の財産を隠匿し、又は損壊する行為（1号）
② 債務者の財産の譲渡、又は債務の負担を仮装する行為（2号）
③ 債務者の財産の現状を改変して、その価値を減損する行為（3号）
④ 債務者の財産を債権者の不利益に処分し、又は債権者に不利益な債務を債務者が負担する行為（4号）

これらの行為を行った場合、債務者については、破産手続開始決定が確定したときは、10年以下の懲役もしくは1,000万円以下の罰金に処せられ、またはこれを併科されます。

また、事情を知って相手方となった者も、破産手続開始決定が確定したときは、同様に処罰されます。

3．特定の債権者に対する担保の供与等の罪

債務者が、破産手続開始の前後を問わず、特定の債権者に対する債務について、他の債権者を害する目的で、①担保の供与または②債務の消滅に関する行為であって、債務者の義務に属せず、または、その方法もしくは時期が債務者の義務に属しないものをし、破産手続開始の決定が確定したときは、処罰されます（特定の債権者に対する担保の供与等の罪　同法第266条）。

この場合、債務者は、5年以下の懲役もしくは500万円以下の罰金に処せられ、またはこれを併科されます。

4．破産管財人等の特別背任罪

破産管財人、保全管理人等が、自己もしくは第三者の利益を図り、または債権者に損害を加える目的で、その任務に背く行為をし、債権者に財産上の損害を加えた場合は、特別背任として、10年以下の懲役又は1,000万円以下の罰金に処せられます（破産管財人の特別背任罪　同法第267条第1項）。

5．その他

その他、以下のような定めがあります。
- 説明及び検査の拒絶等の罪（同法第268条）
- 重要財産開示拒絶等の罪（同法第269条）
- 業務及び財産の状況に関する物件の隠滅等の罪（同法第270条）
- 審尋における説明拒絶等の罪（同法第271条）
- 破産管財人等に対する職務妨害の罪（同法第272条）
- 収賄罪（同法第273条）
- 贈賄罪（同法第274条）
- 破産者等に対する面会強請等の罪（同法第275条）

（木曽・川口）

Q33 税務不正とは何ですか？

A

1. 税務不正とは

　わが国の税制において、法人税や消費税などについては申告型課税方式であり、納税者の申告に基づいて課税額が決定されるため、脱税を企図し、虚偽申告がなされるケースが、毎年、相当数発生しています。なかには、そもそも税務申告すらしない無申告型の脱税もありますが、多くが虚偽申告型です。

　虚偽申告のパターンは、①売上の過少申告②経費・損失の過大申告③売上ないし経費の計上時期を操作して課税額を減少させるケースに大別することができます。たとえば、①の例としては、現金売上から現金を抜く、二重帳簿を作成して売上額を隠匿する、②の例としては、取引先と通謀して架空経費を計上するといった手法が典型例です。

　なお、許された行為である節税と違法な脱税の区別が問題になることがありますが、この区別は単なる評価の問題ではなく、むしろ事実の隠匿・仮装といった不正な行為を含むか否かによって区別されることがほとんどです。

2. 税務不正のリスク

　適切な申告がなされなかった場合の制裁としては、行政罰と刑事罰があります。

　行政罰としては、追徴課税のほか、遡って延滞税・利子税などの各種加算税が課されます。さらに、「事実の全部または一部を隠ぺいまたは仮装」

することによって、過少申告・無申告・不納付がなされた場合には、上記の加算税に代え、35％ないし40％の「重加算税」が追徴されます。

刑事罰では、租税ほ脱犯（「偽りその他不正行為により、租税を免れ、または、その還付を受けた」）として、法人税および消費税の場合、10年以下の懲役若しくは1,000万円以下の罰金またはこれらの併科を課せられます。

3．税務不正の動機・正当化

脱税の動機としては、せっかく利益が上がったのに税金を支払うのがばからしい、安定しない景気の下では今は利益が上がっても将来いつ苦しくなるかわからないので手元に利益をストックさせておきたい、将来の成長に備えたいという動機・正当化要因が多いと考えられます。とくに大企業よりも中小企業の経営者において、何らかの要因により利益が急に上がったような事業年度には、非常に誘惑的な環境となります。脱税に手を染めた嫌疑者は、その翌年以降も同じような脱税工作をしないとつじつまが合わないような状況になるのが通常で、まるで麻薬のように始めたらやめられなくなるともいわれます。

4．税務不正を回避する統制環境

これらの税務不正を回避する統制環境としては、税理士に委託するというだけでは不十分です。なぜなら、経営者自身が税務不正に手を染める動機を有している場合には、これを自浄努力で達成するのは困難だからです。

万が一、税務調査の結果、脱税行為が国税調査官により摘発されるリスクが生じた場合は、さらなる隠匿・仮装行為が重ねられる可能性があり、重加算税・刑事訴追に至るケースも考えられますので、調査の迅速性も重要なポイントとなります。

（木曽・市橋）

2．企業財務以外の不正

Q34 コンピュータやインターネット上での不正には何がありますか？

A

1．コンピュータやインターネット上での不正について

　コンピュータ、インターネット上での不正とは、主に意図的に対象となるコンピュータやデータに不正なアクセス・変更を行うことによって横領や着服を行うことを指します。

　『不正検査士マニュアル』の「SectionⅠ：財務取引と不正スキーム」に多くの詳細な例があげられています。日本国内でも被害が多く、IPA（独立行政法人情報処理推進機構）のホームページ上で「情報セキュリティ」「不正アクセス対策」に対する不正として以下のものが取り上げられています。

- パソコンへの不正侵入
- Web改ざん
- **DoS攻撃**：Denial of Service attackの略。サーバ等のネットワーク機器に大量のデータを送り込むことで、ネットワークトラフィックを増大させ機器をダウンさせる攻撃。
- **DDoS攻撃**：Distributed Denial of Service attackの略。DoS攻撃と原理は同じだが、攻撃先のホストに対し、攻撃者ではなく、他の無関係な数千・数万というホストを踏み台にしてDoS攻撃を行う。攻撃主が特定し難く、不特定のホストから攻撃を受けるため対処が非常に難しい。
- **Smurf攻撃**：通信の確認で使われるpingコマンドと呼ばれるコマンドのパケットをサーバ等のネットワーク機器に対して大量に送りつける攻撃。攻撃対象に負荷がかかるだけではなく、ネットワーク上に大量のパケッ

トが流れることで、通信速度が落ちるなどの障害も発生する。
- **各種セキュリティホールへの攻撃**：ソフトウェアの不具合や設計上のミスなどにより本来想定していない動作をプログラムやハードウェアに起こす欠陥（セキュリティホール）を意図的に攻撃することにより、サーバやパソコン等の管理者権限を不正に取得したり、保存されている情報を不正に外部に持ち出したりする攻撃。

また、Malicious（悪意のある）とSoftware（ソフトウェア）の混成語で、マルウェア（Malware）と呼ばれる不正かつ有害な動作を行うソフトウェアによる不正もあります。

マルウェアの一般的な例は以下のようなものがあります。
- ウイルス
- **バッグドア**：本来IDやパスワードを利用してログインするシステムに対して不正な仕掛けをすることにより、ID、パスワードなしでシステム内部に侵入できる裏口（バックドア）を設置するプログラム。
- **キーロガー**：本来はキーボードの入力信号を記録するソフトウェアで、パソコンの通信コストを抑えるため、通信ログを記録することを目的に利用されていたが、他人のパソコンに仕掛けることでパスワード等を抜き取ることが可能となる。取得したログを自動的に特定の場所へ送信するものも存在する。
- **トロイの木馬**：一見通常のソフトウェアだが、裏でパソコンのデータを特定の場所へ送信するなど、不正な機能を有したソフトウェア。

これらの対策について経済産業省告示第3号として、平成8年通商産業省告示第362号「コンピュータ不正アクセス対策基準」に基づきIPAを定めています。また、警察庁のサイバー犯罪対策（http://www.npa.go.jp/cyber/）でも最新の傾向や対策、取り組みを掲載しています。　　（平岡）

Q35 マネー・ローンダリングとは何ですか？また、どのような罰則の対象となりますか？

1. マネー・ローンダリングの定義

　ACFEの不正検査士マニュアルでは、マネー・ローンダリングを「犯罪活動から生じた資産の存在、性質、源泉、所有者、所在地、処分を隠ぺいすること」と定義しています。

　また、日本におけるマネー・ローンダリング関連情報を一元的に収集・管理する警察庁刑事局組織犯罪対策部犯罪収益移転防止管理官（JAFIC）のホームページ（http://www.npa.go.jp/sosikihanzai/jafic/index.htm）では「違法な行為による収益の出所を隠すこと」と定義し、
・麻薬密売人が麻薬密売代金を偽名で開設した銀行口座に隠匿すること
・詐欺や横領の犯人が騙し取ったお金をいくつもの口座に転々と移動させて出所をわからなくすること
をマネー・ローンダリングの典型例としています。

2. 日本におけるマネー・ローンダリングの法規制

　日本では、主に以下の法律でマネー・ローンダリングを規制しています。
①組織的な犯罪の処罰及び犯罪収益の規制に関する法律（組織的犯罪処罰法）
　この法律は、地下鉄サリン事件などの組織的テロ行為や暴力団による企業支配などへの対応を目的に制定され、組織構成員が所属組織の活動として犯した罪への刑罰強化、犯罪収益の隠匿・収受やそのような収益による企業支配などの行為の処罰などを目的としています。取締りの対象にする「犯罪収益等」を詳細に規定したうえで、犯罪収益等の取得・処分の事実

の仮装、犯罪収益等の隠匿をした者、犯罪収益の発生原因につき事実を仮装した者は、5年以下の懲役もしくは300万円以下の罰金が科されます。また、犯罪収益等であると知りながらそれらを収受した者は、3年以下の懲役もしくは100万円以下の罰金に処せられます（ともに併科あり）。

②犯罪による収益の移転防止に関する法律（犯罪収益移転防止法）

この法律は、上述の組織的犯罪処罰法および麻薬特例法などと相まって、犯罪による収益の移転防止を図ることを目的としており、特定事業者に対して顧客等の本人確認、取引記録等の保存、疑わしい取引の届出等を義務づけています。マネー・ローンダリングの手口の複雑化、巧妙化が進むなかで、特定事業者には、銀行等の金融機関だけでなく、ファイナンスリース業者、クレジットカード業者、宅地建物取引業者、宝石・貴金属等取扱事業者、郵便物受取サービス業者、電話受付代行業者などが指定されています。この法律により科される罰則には以下のようなものがあります。

・本人確認義務等に違反した特定事業者には是正命令が出され、命令に違反した者には2年以下の懲役もしくは300万円以下の罰金が科されます（併科あり）。法人としての特定事業者にも3億円以下の罰金が科される可能性があります。

・行政庁が求める報告等を提出せず、または虚偽の報告等をした者には、1年以下の懲役もしくは300万円以下の罰金が科され（併科あり）、法人としての特定事業者にも2億円以下の罰金が科される可能性があります。

・隠ぺい目的で本人特定事項を偽った者は、1年以下の懲役もしくは100万円以下の罰金が科されます（併科あり）。その者が法人の代表者、従業者等である場合には、当該法人に対しても同様の罰金が科される可能性があります。

・有償・無償を問わず、預金通帳等の譲渡・譲受した者は、1年以下の懲役もしくは100万円以下の罰金が科されます（併科あり）。また、業としてこれらの行為をした者には、3年以下の懲役もしくは500万円以下の罰金が科されます（併科あり）。　　　　　　　　　　（甘粕）

Q36 インサイダー取引とは何ですか？また、どのような罰則の対象となりますか？

A

1. インサイダー取引とは

　インサイダー取引とは、上場会社や公開買付者と「特別の関係にある者」が、株価に影響を与えるような重要な事実を知って、その事実が公表される前に有価証券等を売買する行為をいいます。重要な事実には、株価を下げるもの、株価を上げるものの両方が含まれます。このような重要事実を知っている者が未公表のうちに有価証券の売買をすることで、重要な情報を知らない者と比べて有利な条件で不当に利益を得ることができてしまいます。このような行為を許すと、その他の投資者の信頼を著しく害し、かつ証券市場の公正性も害します。そこで、インサイダー取引は金融商品取引法で明確に禁止されています（第166条、第167条）。

　次に、「特別の関係にある者」とは、①上場会社や公開買付者の役員、従業員、一定の株主等に加え、②過去1年間のうちに①の地位にあった者、③①および②の者から情報の受領を受けた者を指します。③の「受領を受けた者」とは、①ないし②にあげた者から直接情報の受領を受けた者に限られ、直接情報の受領を受けた者から情報を受領した間接的な受領者は含まれません。これは処罰の無限定な拡大を防止する趣旨です。

　また、「重要な事実」とは、要するに投資者の投資判断に影響を与えるおそれのある情報であり、具体的には、合併等の組織再編、災害等による損失、公開買付の決定等があげられます。

　ところで重要事実でも、公表後であれば取引をしても罰則の適用はありませんが、「公表」の方法は金融商品取引法施行令第30条に定められており、

①2つ以上の報道機関に当該未公表情報を公開後12時間を経過した、②証券取引所から当該未公開情報が公衆縦覧に供された、③EDINET等で当該重要事実が記載された報告書等が公衆縦覧に供されたとなっています。

2. インサイダー取引規制と罰則

　金融商品取引法上のインサイダー取引規制については、上記のインサイダー取引自体を防止するための規制としては、刑事罰と行政処分があります。

　まず、刑事罰は、5年以下の懲役もしくは500万円以下の罰金またはそれらが併科され（同法第197条の2第13号）、さらにいわゆる両罰規定により個人のみならず法人も処罰される場合、当該法人には5億円以下の罰金刑が科されることになります（同法第207条第1項2号）。

　次に、行政処分としての課徴金があります。課徴金とは、違反行為を抑止するため、違反者に対して金銭的な負担を課す制度です。刑事罰だけでは多様なインサイダー取引事例に柔軟に罰則を適用していくことができないという問題点が指摘され、平成17年に導入されました。現状、インサイダー取引規制の中心的役割を果たしているのが課徴金の制度であるといえます。課徴金額は、インサイダー取引の売買価額と重要事実の公表後2週間の最高値（売却の場合は最安値）×売買数量との差に相当する額と計算（加・減算制度あり）され、課徴金額が数百万円になった事例もあります。

　その他、民法、会社法上の損害賠償請求も考えられますが、損害との因果関係を立証することが難しく、あまり有効な手段とはなっていません。

　インサイダー取引については、同取引の該当性について投資者ないし上場会社側で判断するのが非常に難しいとされているにも関わらず、罰則を受けている事案は増加傾向にあります。現状、上場会社等は、会社に関する情報の取り扱いについていっそう慎重な取り扱いが求められているといえます。

（木曽・山口）

3．業種特有の不正

Q37 金融機関における不正にはどのようなものがありますか？

A

　金融機関には、銀行、保険会社、証券会社などさまざまな業態がありますが、ここでは、日本の銀行や信用金庫などの「預金等受入金融機関」（以下、金融機関）において発生し得る不正を概説します。

1．金融機関役職員（内部者）による不正

①現金・預金の着服

　現金収受や預金口座取引を大量に扱う金融機関では、役職員による現金・預金着服のリスクが他の業界に比べて高く、以下が典型的な手口です。

・担当者が、顧客を訪問して預った現金を入金せずに着服する。さらに、着服の隠ぺいのために他の顧客から集金した現金で穴埋めを繰り返す。

・担当者が、顧客から通帳や届出印を預かり、払戻請求書を勝手に作成して預金を不正に引き出す。

②顧客情報の不正流用

　役職員が、金融機関の顧客データベースにアクセスし、住所、氏名、職業、年収、口座番号、預金・借入明細、クレジットカード情報などの顧客情報を不正に持ち出し、名簿業者などに売却する行為などが該当します。

③不正融資（浮き貸し、情実融資など）

　浮き貸しとは、役職員が「その地位を利用し、自己又は当該金融機関以外の第三者の利益を図るため、金銭の貸付け、金銭の貸借の媒介又は債務の保証をする」行為を指し、「出資の受入れ、預り金及び金利等の取締りに関する法律（出資法）」により禁止されています。具体的には、顧客か

らの融資申込を断りきれなくなった担当者が、自分の預金を取り崩したり他の顧客の預金を不正に流用して、貸し付けてしまう行為などです。

情実融資とは、融資に関して一定の決裁権限を有する支店長などが、個人的に関係のある取引先との癒着などにより、融資審査規則を逸脱して独断で融資をしてしまう行為を指します。当然のことながら、このような融資は不良債権化して金融機関に損失をもたらすリスクが高いことから、情実融資は背任行為として社内処分や刑事罰の対象となります。

④ 不良債権、損失の隠ぺい

これらは、金融機関による粉飾決算に該当します。金融機関には自己資本比率規制などが課されており、不良債権増加による財務体質の悪化は経営に大きな悪影響を及ぼします。そのため、回収見込みのない融資債権を健全な債権と偽って貸倒引当金の計上や債権償却を回避したり、為替や債券のディーリングや投資により生じた含み損を隠ぺいしたりするなどの不正会計が役職員個人または組織ぐるみで行われる可能性があります。

2．外部者による不正

外部者による不正の典型例として、反社会的勢力などによる銀行取引を悪用したマネー・ローンダリングがあります。虚偽の本人確認書類による不正な口座開設や転売、同口座を利用した振り込め詐欺行為などが該当します。その他、偽装した財務諸表による不正な融資申込、顧客データベースなどへの不正アクセスによる個人情報の詐取なども起こり得ます。いずれの場合も、金融機関の役職員（内部者）が加担する場合には、不正リスクが格段に高まるので注意が必要です。また、インターネットバンキングの普及で顧客の利便性が高まる一方、フィッシング詐欺（金融機関を装ったメールやウェブサイトによる個人情報やシステムへのアクセスID、パスワード詐取）などもさまざまな手口で横行しています。　　　　　（甘粕）

〈関連項目〉
マネー・ローンダリング（Q35）

Q38 保険金不正にはどのようなものがありますか？

A

保険金不正のスキームを把握するためには、まず保険の種類を知る必要があります。

1. 保険の種類と仕組み

保険は、公的保険と民間保険に分かれ、さらに以下のように細分化されます。

公的保険			民間保険
健康保険	医療保険	生命保険	生命保険
介護保険	介護保険	損害保険	医療・介護保険
年金保険	年金保険	損害保険	自動車保険
労災保険	労働保険	損害保険	火災・地震保険
雇用保険	労働保険	損害保険	傷害保険
		損害保険	賠償保険

2. 被保険者による不正受給・不正請求

公的保険の医療保険や介護保険の不正、ならびに年金保険の不正については、Q39、Q41にて解説するため、ここでは主に民間保険の不正について取り上げます。上表の保険については、保険金・給付金の支払事由（受取事由）が発生した際には、被保険者が請求するシステムになっています。したがって、以下のような不正請求・不正受給は、保険金請求に必要な架空の、あるいは偽造の裏付け書類を使って被保険者により行われることに

なります。
①架空の死亡保険の申請を含む不当な死亡保険金の請求（生命保険）
②保険金目当ての殺人（生命保険）
③不当な医療保険金・介護保険金の請求（損害保険）
④不当な自動車保険（自動車の密輸、偽装事故、車両識別番号の交換の手口を含む）の各種損害保険金の請求（損害保険）
⑤不当なあるいは虚偽の介護保険金の請求（介護保険）
⑥不当な障害年金保険金などの請求（年金保険）
⑦不当な労働・雇用保険金の請求（労働保険）

3．保険料支払いや保険契約に係る不正

　被保険者が、健康情報、生年月日や住所、運転履歴などに関して、虚偽の情報（意図的な告知漏れを含む）を保険会社に伝えて、保険料を不当に安くし経済的利益を得る場合があります。

4．保険会社や代理店による不正

①保険料の着服：代理店が、契約者から徴収した保険料を保険会社に送金せず保険料を着服する不正が発生する場合があります。通常保険契約者は支払事由が発生するまでは、その事実に気づかないことが多く、この間保険料が支払われていないため、保険が失効してしまいます。
②虚偽の説明：営業担当者が被保険者の見込客を騙して保険に新規加入させ不当利得を得るために、保険内容の重要リスク事項について、意図的に説明責任を果たさない場合があります。
③架空の保険契約：保険会社の営業社員は、自分の引受成績がよくみえるように虚偽の契約を提出する場合があります。また、退職前に、営業社員が架空の契約を計上することによって、業績評価額や販売手数料の受取額を改善させ、より高額の報酬を受け取る場合もあります。

(脇山)

Q39 医療不正にはどのようなものがありますか？

1. 日本における健康保険制度

　医療保険は職域をベースにした被用者保険（会社員や公務員、船員などが加入する保険）と、居住地の市町村をベースにした国民健康保険に分けられます。基本的な給付の内容は同じで、疾病・外傷・出産・死亡などがあります。被用者保険制度は、雇用者（被用者およびその被扶養者）を対象とする政府管掌健康保険や組合管掌健康保険、共済保険などに分かれます。また、国民健康保険制度は、会社などに雇用されていない自営業者や自由業、無職者などを対象としており、別途高齢者を対象とする老人保険制度があります。

　医療費については、保険者と患者本人が分担して診療費を支払います。診療報酬支払基金は、保険組合が点数化した医療機関による診療行為を承認し、保険組合に請求書を回し、診療報酬を医療機関に支払う仕組みです。

▶日本の医療保険の仕組み◀

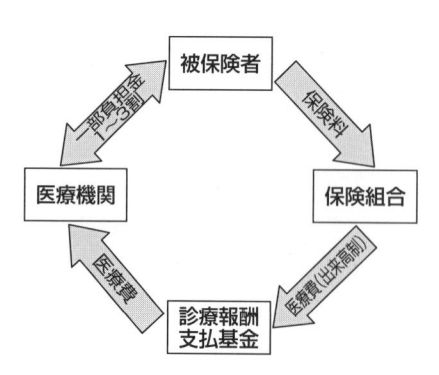

（被保険者 → 保険料 → 保険組合 → 医療費(出来高制) → 診療報酬支払基金 → 医療費 → 医療機関 → 部負担1～3割 → 被保険者）

2. 医療行為提供者による不正行為

　医療業界は不正収益を得やすく、患者に自己負担を強いる結果になりやすいといわれています。

公的保険の医療保険については、被保険者側から医療機関または診療報酬支払基金に対して請求手続きを行うことはできません。基本的に被保険者側から不正が発生することはありませんが、医療行為提供者による不正行為は、請求手続きを医療行為提供者自ら行うため、医師、医薬品製造業者、医療施設などといった医療行為提供者が、結果的に患者や被保険者に対して不正行為を行うことになります。

①不正な診療報酬を得る目的で、医療機関が実施した診療行為や投薬内容の追加・変更をしたり、また本来は必要のない医療行為を患者に行うなどの方法で、虚偽あるいは水増しした診療報酬明細書または調剤報酬明細書（レセプト）を診療報酬支払基金に提出することで、診療報酬を不当に獲得する場合が圧倒的に多いのです。医療行為提供者は、医療技術、専門用語などについて豊富な知識を有するため、これらの行為が請求事務の担当職員から疑問をもたれることはほとんどありません。

②医師免許や専門資格をもたずに医療行為提供者を名乗る者が、患者や顧客に対して医療行為や施術を行い、診療報酬を不当に請求したり、法的トラブルに発展しているケースも最近少なくありません。

3．高齢者福祉施設や介護施設による介護保険の不正請求

　高齢者福祉施設や介護施設は、平均寿命の伸びにともない、不正行為の格好のターゲットとなっています。悪質な例では、不要または未実施サービスの請求を行ったり、支払給付を受けるためにサービス内容と異なった記載をしたりするなどの方法で、自治体に対し、実施した介護サービス内容や介護報酬を虚偽・水増し請求する不正も急増しています。　　　（脇山）

【アラーム】
コムスンの介護報酬不正請求事件

Q40

消費者不正とは何ですか？

A

　消費者を狙った不正には、数多くの不正スキームと手口がありますが、人の欲望や、不安につけ込むという点が特徴です。また、高齢者がターゲットとなるケースも多く存在します。

1．信用不正の手口

　信用不正とは通常、プロの「不正行為者」が、疑いを抱かないターゲットに対して働く一連の不正行為です。被害者は、個人であることの方が一般的です。募金活動、非営利団体、宗教関連の不正、在宅ビジネス、家屋リフォームなどを装う等が、主な手口です。

2．テレマーケティング不正

　この不正におけるターゲットは、高齢者や失業者などが巧妙に選ばれています。電話で商品を購入したものの、商品が来ない、違うものが届くなど、だまされるケースは、テレマーケティング不正の代表例です。電話、新聞、郵便などは、現在でもテレマーケティング不正の主要な手段である一方、インターネットへの移行も著しく増えています。

　ビジネス・チャンスを臭わせたり在宅ビジネスに関連する不正は、インターネット上での不正の上位に入ります。

　これらインターネット上の不正は簡単に逃走が可能であり、犯人と被害者の地理的な距離、捜査当局のリソースや捜査の優先順位の問題などの理由から、取り締まりが困難となっています。

対象となる商品・サービスは数多く、典型的なものとして、在宅ビジネスの勧誘、ツアー企画、雇用関係、クレジット・サービス、宝くじ、不動産、芸術・希少品の販売、収集品および記念品、宝石・貴金属の格安販売、無料情報の突然の有料化、偽装チャリティー、賞金・賞品の発送を装う詐欺、割引サービス、雑誌購読の強要などがあります。

3. なりすまし犯罪

なりすまし犯罪および不正行為は、ある者が主として経済的利益を得るため、不正行為あるいは偽装行為をともなう何らかの方法で他人の個人データを不正に入手し、利用する犯罪です。

個人情報データとは、名前、住所、電話番号、生年月日、その他身元を確認できる情報です。なりすまし犯は、銀行やクレジットカードの口座開設、既存口座の乗っ取り、ローンの取得、車やアパートのリース契約で、こうした情報を悪用します。また、被害者の名前を勝手に語り、携帯電話や公共サービスの契約をする場合もあります。

個人情報の電子転送や財務取引の通信を容易にする技術の進歩により、なりすまし犯罪は最近ますます増えています。なりすまし犯罪は、事実上無差別的な不正行為であり、大学生、定年後の退職者、教師、あるいは有能な弁護士など、誰もがターゲットになる可能性があります。企業でさえも、こうした犯罪の被害を受けやすいのです。

近年、社会問題となっている「オレオレ詐欺」「振り込め詐欺」などの手口も巧妙化しています。

(脇山)

【アラーム】
ポンジー・スキーム

Q41 公共機関における不正にはどのような種類がありますか？

A

　日本での公共機関における不正は、大きく分けて、①公共機関との調達契約および調達プロセスの過程で起こる不正（Q27参照）、②個人・民間から公共機関（政府および地方自治体）への虚偽あるいは不正な申請・受給、③公務員による公的年金・補助金・公的基金や公的資金の不正流用あるいは記録改ざんに分かれます。

1. 個人・民間団体からの虚偽請求・不正受給

　不正受給は、共謀や買収をともなわずに個人によって行われる傾向があります。この種の不正の目的は、個人的利益の獲得（あるいは損害の削減）です。通常、年金は、裁定手続きや認定手続きが済んでいれば、支給開始年齢に達する、あるいは支給開始事由が発生したときに自動的に支給されるので、これらの手続時に提出書類や認定調査について不正が行われる場合があります。また、ほかにも納税者による所得税申告への虚偽の税還付請求の例があります。この場合、この納税者は政府に対して不正を行っていることになります。

　個人・民間団体からの虚偽または不正な申請・受給には、以下の例があります。

①介護サービスの受給認定にかかわる虚偽あるいは不正行為

　要介護者を社会全体で支える仕組みとして、日本では2000年4月から介護保険制度が導入されました。介護サービスの利用にあたっては、被保険者が介護を要する状態であることを公的に認定（要介護認定）してもらう

必要があります。これは、介護保険の被保険者が医療機関を受診する時点で、医師が治療の必要性を判定する健康保険とは異なり、要介護レベルは認定調査の結果を基に保険者によって決められ、利用可能な介護サービスが限定されます。この介護認定にあたって、特別養護老人ホームや老人健康施設側が、要介護認定の偽装を職員と利用者に強制するケースが頻発しています（実際よりも重篤な要介護レベルの判定が出なければ、介護保険の適用下の自宅介護が可能となり、施設収入が減収となるため）。

②障害年金受給にかかわる虚偽あるいは不正行為

障害年金は、障害の等級に応じて支給金額が異なるため、障害年金の不正受給を目的として、実際の症状を受給要件および障害認定要件よりも重く見せかけるため、被保険者自身が、または医師が（あるいは双方が結託して）診断証明書を偽造する不正も増えています。

③各種税金の虚偽申告および還付金にかかわる不正受領

　a.担税者による不正行為…所得税の確定申告や輸出入にともなう消費税の払い戻しなどについて、虚偽の申告を行い、還付金を不正に受領するもの。

　b.担税者以外の第三者による不正行為…最近はこの手の振り込め詐欺の一類型が横行しています。公的機関職員を名乗る加害者が、還付金を受け取れると、電話などを通じて被害者に接触し、ATMに誘導して加害者の口座への振込みを行わせるものです。

2. 公的機関職員による公的年金・公的資金、補助金の流用や記録改ざん

数年前に、日本で社会問題となったのが、社会保険事務所の職員による「意図的な」国民年金記録の改ざん事件です。入力や転記の誤りといった「事務処理ミス」に由来するものは、通常は不正行為とは定義しませんが、この事件は、組織利益（保険料の徴収率アップ）の優先と公務員個人の倫理感の欠如という至上命題が問われた悪質な不正です。

また、補助金・公的資金を不正経理処理により流用・着服する不正もあります。

（脇山）

Ⅲ章

不正調査

1. 不正に係る法律・罪名・処分

Q42 個人情報保護法とは何ですか？

A

1. 個人情報保護法の定義

2005年4月1日から施行された"個人情報の保護に関する法律"は、個人情報の有用性に配慮しながら、個人情報取扱事業者が個人情報の適正な取扱いのルールを遵守することにより、プライバシーを含む個人の権利利益を保護することを目的としています。

この法律は、官民を通じた個人情報の取り扱いに関する①基本理念（1～3章）と、②民間の事業者における個人情報取り扱いのルールを定めた部分（4～6章）から構成されます。

このうち、②については民間部門の保有する個人情報のみを対象としています。日本では2001年に施行された「行政機関の保有する電子計算機処理に係る個人情報の保護に関する法律」（昭和63年法律95号）によって、公的機関が保有する個人情報の保護については別途、法規制がなされているからです。

この法律の保護対象となるものは、生存する個人に関する情報（氏名、性別、生年月日、職業、家族関係などの事実に係る情報のみではなく、個人に関する判断・評価に関する情報も含め、個人と関連づけられるすべての情報）で、特定の個人を識別することができる「個人情報」です（第2条第1項）。情報自体によって特定の個人を識別できるもののほか、他の情報と容易に照合することができ、それによって特定の個人が識別できるものも含みます。

また、個人情報取扱事業者においては、「個人データ」（「個人情報デー

タベース等」）の個人情報を含む情報の集合物で、特定の個人情報を電子計算機を用いて検索できるように体系的に構成したものまたはこれに準ずるもの（第2条第2項）などが保護義務の対象となります。

2．個人情報保護法の内容

　個人情報保護法および同施行令は、5,000件を超える個人情報を個人情報データベース等として所持し事業に用いている事業者は個人情報取扱事業者とされ、個人情報取扱事業者が主務大臣への報告やそれにともなう改善措置に従わない等の適切な対処を行わなかった場合は、6ヵ月以下の懲役または30万円以下の罰金が科せられます。また、漏えいした個人情報の情報主体から、損害賠償を請求されるというリスクも発生します。こうしたことから、大規模漏えい事件・事故の場合は、総額が巨額の損害賠償金の支払い義務が発生する可能性もあることに注意が必要です。

3．インターネットと個人情報

　インターネットを経由して提供するオンラインサービスにおいては、機密情報がデータベースに格納されます。そのため近年、データベースが狙われてクレジットカード情報などの個人情報が漏えいする事件が増えています（ソニーのPSN事件）。　　　　　　　　　　　　　　　　（奥田）

【アラーム】
中川秀直愛人スキャンダル事件（2000年）、TBC個人情報漏えい事件（2002年）、ソニーのゲーム機PSN個人情報漏えい事件（2011年）

Q43 公益通報者保護法とは何ですか？

A

1. 公益通報者保護法制定の背景

　食品会社による食肉偽装事件や養鶏業者による鳥インフルエンザ事件をはじめとする多くの企業不祥事事件が、匿名の告発をきっかけとして明らかになりました。これまではこうした法令違反行為を通報したことを理由に内部告発をした労働者が解雇されたり、降格、減給等の不利益な扱いを受けることもあり、公益目的で通報した労働者の保護が不十分でした。

　こうしたことから、いわゆるコンプライアンス経営に対する事業者の取り組みを積極的に促進することを目指して公益通報者保護法が制定されました（平成16年法律122号・平成18年4月1日施行）。公益通報者保護法は、労働法の1つに位置づけられます。

2. 公益通報者保護法の内容

　公益通報とは、事業者について法令違反が生じ、またはまさに生じようとしている旨を、その事業所で働く労働者が、不正の目的をもたずに事業者内部に通報すること、さらに真実相当性のある場合には、勧告等を行う権限のある警察等の行政機関に通報すること、さらにつけ加えて、内部通報では証拠隠滅のおそれがあったり、内部通報後20日以内に調査を行う旨の通知がなく、人の生命・身体への危害が発生する窮迫した危険がある場合には、マスコミ等の外部の者に通報することをいいます。

　通報の対象となる法令違反行為は、国民の生命、身体、財産その他の利益の保護にかかわる法律として、本法があらかじめ別表で規定する食品衛

生法等の7つの法律と政令で指定した法律の規定する犯罪行為です。

3. 解雇の無効・不利益取り扱いの禁止

　公益通報者が、当該労務提供先等、処分または勧告等をする権限を有する行政機関または通報対象事実の発生もしくはこれによる被害の拡大を防止するために必要であると認められる者に、それぞれに定める公益通報をしたことを理由として事業者が行った解雇は、無効とされます（第3条関係）。また、事業者の指揮命令の下に労働する派遣労働者である公益通報者が公益通報をしたことを理由として行われた労働者派遣契約の解除も無効とされます（第4条関係）。

　その他、事業者は、その使用し、または使用していた公益通報者が公益通報をしたことを理由として、不利益な取り扱いをしてはならないことになっています（第5条第1項関係）。また事業者は、その指揮命令の下に労働する派遣労働者である公益通報者が公益通報をしたことを理由として、不利益な取り扱いをしてはならないことになっています（第5条第2項関係）。

4. 行政機関がとるべき措置

　公益通報をされた通報対象事実について処分等をする権限を有する行政機関は、必要な調査を行い、当該通報対象事実があると認めるときは、法に基づく措置その他適当な措置をとらなければならないことになっています（第10条第1項関係）。　　　　　　　　　　　　　　　　　　（奥田）

【アラーム】
三菱自動車事件（2000年）、雪印乳業食中毒事件、ダスキン、日本ハム事件（2002年）、宮崎信用金庫損害賠償事件（2005年）、オリンパス事件[※]（配転命令無効確認等請求事件）（2010年）

※2011年8月30日、東京高裁は一審判決を覆し、会社側と上司それぞれに損害賠償を命ずる判決を下した。

Q44 民事事件と刑事事件の違いについて教えて下さい。

1. 民事事件と刑事事件の違い

　自動車を運転していたAが前方不注意のために、適切に道を歩いていたBをはねてけがを負わせた事例で考えてみましょう。

　この場合、まず民事事件としては、BはAに対する不法行為に基づく損害賠償請求権が発生します。また、刑事事件としてはAには、自動車運転過失致傷罪（刑法第211条第2項）が成立します。さらに、道路交通法という行政法に基づいて運転免許の取消あるいは停止処分という責任をAは負うことになります。このように1つの行為であっても、各種の法的な責任が同時に発生することになります。

　このうち、民法や商法といった私法によって規律される事件を民事事件といい、裁判所や検察庁、警察等が該当者に対し刑罰法令の適用実現が可能である事件を刑事事件といいます。

2. 民事事件の特徴

　民事事件は当事者間の争いですから、必ずしも裁判所の力を借りなくても、たとえば保険制度の適用によって被害の弁償がされると、それだけで解決することもあります。また、当事者間で紛争が解決しないような場合には、被害者であるBが加害者Aを訴える訴訟を裁判所に提起し、公的な第三者としての裁判所が判断して紛争を強制力をもって解決することもできます。

　当事者間で私的に和解し解決することや、裁判所での民事調停を申立て

て民事調停で解決する場合、訴えを提起して勝訴判決を得る場合、または判決前に裁判上の和解をすることによって解決を図ることもできます。

私的和解には強制力がありませんが、民事調停、判決、裁判上の和解には強制力があり、債務者の財産（動産、不動産、債権、給与等）に差し押さえ等の強制執行をすることができます。

3. 刑事事件の特徴

一方、刑事事件の場合は、被害者Bは直接加害者Aに報復できないので、被告人Aが犯した犯罪を処罰するために公益の代表者たる検察官が被告人の責任を追及し、被告人とその利益を代弁する弁護士がこれを防御するやりとりを経て、裁判所が被告人Aに刑事罰を科すか否か（執行猶予か実刑かあるいは無罪か）の手続きを進めるのが刑事事件です。

手続きの流れは、通常の刑事事件の場合、まず警察が事件を捜査し、捜査結果を検察官に送致し、検察官が事件を裁判所に起訴するかどうかを決定します（起訴便宜主義）。そして裁判所は検察官の犯罪の立証および求刑意見に対して、判決を下すという手続きとなります。

第一審、控訴審、上告審、略式手続等、刑罰権の存否について直接に判断する訴訟事件のほか、令状請求、保釈の請求、証拠物に対する還付・仮還付の裁判の請求、逃亡犯罪人引渡しの審査請求など、派生的ないし周辺的な事件も刑事事件に含まれます。

刑事事件においては、起訴された被告人と検察官は当事者として対等であり、被告人は「無罪の推定」を受け、有罪判決を受けるには検察官として被告人が無罪かもしれないとの「合理的な疑い」をさしはさむ余地のない程度の厳格な立証をしなければなりません（精密司法）。

一方、民事事件の場合は、証拠法則上の制限が緩やかで、学説上も「優越的蓋然性」で足りるとする説も有力です。ただし、判例は「経験則上高度の蓋然性を証明することが必要」としています。

（奥田）

Q45 たとえば、会社の備品を持ち帰った場合、窃盗罪になりますか？

1. 窃盗罪の成立要件

　他人の財物を窃取すると窃盗罪（刑法第235条）が成立します。法定刑は10年以下の懲役または50万円以下の罰金です。刑法が制定された明治時代には、窃盗は貧困ゆえに犯される犯罪だと考えられていたため、罰金の規定はありませんでしたが、平成18年の刑法の一部改正で罰金が選択刑としてつけ加えられました。万引などの懲役刑とするには重すぎるケースでは、これまでは起訴猶予にするなどして対応してきたのですが、万引の摘発件数の急増を受け、事件の程度に応じて弾力的に処罰できるよう罰金刑を設けて抑止効果を強めようとしたためです。

2. 不法領得の意思

　それでは窃取とはどのような行為をいうのでしょうか。他人が所持している状態を侵害して、自己または第三者の所持に移転するという行為のほかに、判例・通説によれば、不法に他人の物を領得するという主観的要素、すなわち「不法領得の意思」が必要とされています。

　不法領得の意思とは、領得罪（窃盗、強盗、詐欺、恐喝、横領）について、故意のほかに必要とされる主観的要素であるとされています。つまり、不法領得の意思は、領得罪と毀棄罪（器物損壊罪、文書毀棄罪）との区別に役立ちます。たとえば、人の時計を壊してやろうと考えて、人のバッグの中から取り出してこれを地面に叩きつけて壊してしまったような事例では、器物損壊罪は成立しても窃盗罪は成立しません。この場合は、不法領

得の意思がないからです。

3. 会社の備品の持ち帰り行為の犯罪性

　刑法は故意犯処罰が原則です。過失犯が処罰されるためには、とくに過失でも処罰するという規定が必要となります（刑法第38条第１項）。ですから、ついうっかり会社の備品を家に持ってきてしまったというだけでは犯罪は成立しません。逆に家に持ち帰って自分のものとして使おうと考えて会社の備品を持ち帰る行為については、他者の占有を侵害してこれを自己に移転し、自分のものとして使おうという「不法領得の意思」をもって実行した場合に該たりますから、窃盗罪の構成要件に該当する行為と評価できるでしょう。

　ただ、持ってきてしまったものが紙１枚とか消しゴム１個のような場合など、刑法の規定を適用してまで処罰する必要がないような行為には違法性がないという理論（可罰的違法性論）によって、犯罪が成立しないと考えることもできるでしょう。刑法は刑罰という人権を制約する手段をもって違法行為に対峙しているので、刑法の適用はできるだけ謙抑的にという要請（罪刑法定主義）があります（刑法の人権保障機能）。

　ただ、ものごとにはけじめが必要であり、刑法上の犯罪とならなければ何をしてもかまわないというものでもありません。民事法上は、会社は所有権に基づいて返還請求権（民法第206条）を行使できますし、不法行為に基づく損害賠償請求（民法第709条）をすることもできます。　　（奥田）

Q46 取引先に間違った情報を提供したことによって損失を与えた場合、詐欺罪になりますか？

1. 詐欺罪の成立要件

　刑法上、詐欺罪とは、人を欺く行為により錯誤に陥れ、その錯誤を利用して、相手方から財物を交付させ、これを取得する詐欺取財罪（刑法第246条第1項）と、同様の手段により、財産上不法の利益を得または他人に得させる詐欺利得罪（刑法第246条第2項）とに分かれています（法定刑は両者とも10年以下の懲役）。前者を1項詐欺、後者を2項詐欺とも呼びます。2項詐欺の成立には、錯誤に陥った者が債務の免除などの意思表示を行い、そのために債務者である欺罔者が、一時、債務の弁済を免れたといえるような「因果関係」が必要であるとされています。この場合の意思表示や1項詐欺における被害者による財物の交付行為を被害者の処分行為と呼びます。なお、昭和62年の改正（法律52号）で、電子計算機使用詐欺罪の規定（刑法第246条の2）が新設され、法定刑は本来の詐欺罪と同様懲役10年以下と規定されています。

2. 民法上の詐欺の成立要件

　民法上は、他人を欺いて錯誤に陥らせる違法な行為のことをいいます。積極的に虚偽の事実を述べることだけでなく、他人が錯誤に陥っておりまたは陥ることを知りながら真実を告げないことも、また欺罔（ぎもう）行為となります。しかし、積極的な欺罔行為でもその欺罔の程度が軽微な場合（例：小売商が自分が販売している商品を褒めること）には違法性を帯びないこともあります。また、詐欺により意思表示をした者はそれを取り

消すことができます（民法第96条第１項）が、その取消の効果を事情を知らない第三者（民法上善意の第三者といいます）に対しては主張できないことになっています（民法第96条第３項）。また、詐欺によって受けた損害は不法行為として損害賠償請求をすることができます（民法第709条）。

3．取引先に間違った情報を提供したことによって損失を与えた場合の詐欺罪の成否

　詐欺罪成立のためには、当初から人をだまして財物や利益を得るという意思が必要であり、うっかり間違った情報を提供した場合、それで何か得をしても過失詐欺罪というものは規定がなく、処罰されることはありません。

　しかし、わざと（故意に）誤った情報を流し、物や利益を得ることを目論んでそれを実行し、物や利益を得た場合は詐欺罪となります。もし、物や利益を得る目的がなくても、取引先の業務に支障を及ぼすことがあれば、業務妨害罪（刑法第233条後段）の成立があり得ます（法定刑は３年以下の懲役または50万円以下の罰金）。

　また、詐欺罪が既遂となるためには、欺罔行為と結果との間に因果関係が必要ですので、会社の得た利益と取引先に間違った情報を提供したことに因果関係がなければ詐欺罪の既遂とはなりません。詐欺未遂罪の成立の余地はあります。

　近時、未公開株について証券市場に上場の見込みがないのに、さもあるように装って株券の売却名目で代金を詐取したり、値上がりが確実だから転売先をあっせんするなどと偽って、財産的価値のない社債を販売したりする事件が多発しており、実刑判決も多く出ています。

　以上のような詐欺の故意がなくても、うっかりして間違った情報を提供し第三者に損害を与えた場合には、過失に基づく不法行為として損害賠償責任を負うことになります（民法第709条）。　　　　　　　　　　（奥田）

【アラーム】
未公開株詐欺事件

Q47 横領罪と背任罪の違いについて教えて下さい。

1. 横領罪

　刑法は横領罪について次の3つを規定しています。まず単純横領罪（刑法第252条）は、人から預かっている物や公務所から保管を命ぜられた自分の物を、委託者との信任関係を破って不法に領得する行為です（5年以下の懲役）。集金人など、とくに社会生活上の地位に基づいて反復継続して物を保管する者が横領すると、業務上横領罪（刑法第253条）となって刑が重くなります（10年以下の懲役）。

　前2条とは異なり、遺失物等横領罪（刑法第254条）は、道に落ちていた財布を領得したり、つり銭が多すぎることに店から離れて気づいたがそのまま着服した場合など、遺失物、漂流物等、占有を離れた他人の物を横領する行為です（1年以下の懲役または10万円以下の罰金もしくは科料）。遺失物横領罪においては、財物についての委託信任関係を前提としていないこと、他人の占有を侵害しているわけではないことから法定刑が軽くなっています。

　また、横領罪は横領行為に着手すれば直ちに既遂となります。そのため未遂罪の処罰規定がありません。

2. 背任罪

　銀行員が十分な担保を取らずに融資を行い銀行に損害を与えたり（放漫融資、不正貸付行為）、土地の売却を売主から依頼された者が買主と結託して時価よりも安く売却して売主に損害を与えたりするような行為を背任

罪といいます（刑法第247条、5年以下の懲役または50万円以下の罰金）。また、会社役員等による背任行為は、特別背任罪とされとくに重く処罰されます（会社法第960〜962条、10年以下の懲役もしくは1,000万円以下の罰金または併科）。

　背任罪は①他人のための事務処理者が、②図利（利益を図る）・本人に対する加害目的で、③任務違背行為を行い、④財産上の損害を生ぜしめる罪です。

　任務違背とは何かについては、事務処理者と本人の間に存在する委託信任関係違反による財産侵害を処罰すると考える説（背信説）と、本人から与えられた法的代理権の濫用による財産侵害を処罰するものと考える説（権限濫用説）があります。判例・通説は、権限濫用説では背任罪の成立範囲が狭すぎるとして背信説を採用しています。

3．横領罪と背任罪の違い

　横領罪は個別財産について個々に成立する犯罪ですが、背任罪は全体財産に対する罪であり、一方において損害があっても、他方においてこれに対応する反対給付があり、財産全体をみれば価値に変動がない場合には、財産上の損害はなく背任罪は成立しないという特徴があります。

　両罪は委託信任関係違反という点で共通しますので、判例通説においては両罪は1つの行為が数個の構成要件を充足するように見えますが、そのうちの1個の構成要件による評価だけで十分であり、他の構成要件による評価が排斥される関係（法条競合）にあるとして、横領罪が成立する場合には背任罪は成立しないとしています。また、横領罪の客体は財物であるため、債権の二重譲渡、二重抵当等がなされた場合の財産上の利益については単純横領罪が成立せず、背任罪が成立するのみですので、実質上、背任罪が横領罪規定の足りない部分を補う機能を果たしています。　　（奥田）

【アラーム】
三越百貨店特別背任事件最高裁決定（最決平成9年10月28日判時1617号145頁）

Q48 公文書偽造・虚偽公文書作成罪について教えて下さい。

A

公文書の作成名義を偽るのが偽造罪で、内容虚偽の文書を作成権限のあるものが作成するのが虚偽文書作成罪であるという違いがあります。

1. 公文書偽造罪

行使の目的で、公務所または公務員の作成する文書・図画といった公文書を偽造または変造する罪を公文書偽造罪といいます（刑法第155条）。公務所等の印章または署名の有無によって、刑に軽重があります。印章・署名のある場合は1年以上10年以下の懲役、それのない場合は3年以下の懲役又は20万円以下の罰金に処せられます。偽造公文書を行使した者は、同一の刑で処罰されます（刑法第158条）。天皇文書も公文書の一種ですが、詔書等の偽造については詔書偽造罪（刑法第154条）の定めがあります。実在しない公務所・公務員の名義で作成した場合でも、実在する公務所・公務員の作成する文書と一般人に誤信させる外観をもつものであれば、公文書の偽造にあたります。

一方、真実公務員であっても、その職務権限に属さない文書を作成することも公文書の偽造となります。事実上作成事務を担当する補助公務員については、名義人で作成権限のある公務員の承認なく内容虚偽の公文書を作成すれば事項で述べる虚偽公文書作成罪が成立します（最判昭和32年10月4日刑集11巻10号2464頁）が、内容の正確性を確保するなどの一定の基本的条件に従うかぎりは公文書偽造罪は成立しないとする判例があります（最判昭和51年5月6日刑集30巻4号591頁）。

2．虚偽公文書作成罪

　権限のある公務員がその職務に関し、行使の目的で、その作成権限を濫用して内容虚偽の文書を作成しまたは既存の公文書の内容を虚偽のものに変更する罪をいいます（刑法第156条）。本条の文書には天皇文書が含まれます。印章または署名のある公文書につき1年以上10年以下の懲役（ただし、天皇の文書の場合、無期又は3年以上の懲役）、それのないものにつき3年以下の懲役又は20万円以下の罰金に処せられます。

　一方、私文書の場合は、公文書よりも信用度が低いことを理由に、権限ある者による虚偽の私文書作成を罰する規定は、刑法上、虚偽診断書等作成罪（刑法第160条）以外には規定がありません。　　　　　　　　（奥田）

〈関連項目〉
私文書偽造罪（医師の虚偽診断書）（Q49）
【アラーム】
厚労省局長虚偽公文書作成・同行使冤罪事件（平成22年9月10日無罪判決）

Q49 私文書偽造罪について教えて下さい。

1. 私文書偽造罪

　私文書偽造罪とは、行使の目的で、他人名義の権利・義務または事実証明に関する文書・図画を偽造または変造する罪をいいます（刑法第159条）。他人の印章または署名の有無によって刑に軽重があり、他人の印章等がある場合は3月以上5年以下の懲役、ない場合は1年以下の懲役または10万円以下の罰金に処せられます。偽造私文書を行使した者は、偽造した場合と同一の刑で処罰されます（刑法第161条）。なお、本条にいう「他人」のなかに公務所・公務員は含まれません。また、実在する人である必要はありません。架空人名義の私文書の偽造も、実在するような外観をもつ場合には、文書に対する社会的信用を害する点においては同じですので処罰の対象となります。

　権利・義務に関する文書には、財産関係や身分関係などの内容を問わず、単に権利・義務の存否の証明となる文書も含まれます。

　一方、事実証明に関する文書とは、郵便局への転居届や書画の真実性を記載した箱書、大学入学試験の答案などが典型例です。

　偽造の未遂を処罰する規定はありませんが、私印偽造・不正使用の罪（刑法第167条）として処罰できる場合もあります。有価証券については、小切手や約束手形を偽造した場合、有価証券偽造罪（刑法第162条）にあたります。

2. 偽造私文書行使罪など

　私文書偽造罪成立の要件として行使の目的が入っていることからもわかるように、偽造した私文書は紙くずとして捨てられるわけではなく、行使

され、その場合には偽造私文書行使罪（刑法第161条）が成立し、牽連犯（犯罪行為の手段・結果として行われた犯罪）として科刑上の一罪とされます。要するに、刑罰は一罪として処断されるという意味です。

　その偽造文書がさらに詐欺の手段として使われ、金品をだまし取った場合は、私文書偽造・同行使・詐欺の３罪が順次手段・結果の関係があるとして牽連犯となり、刑の長期は最も重い詐欺の罪の刑（懲役10年以下）で処断される（ただし刑の短期は私文書偽造罪の定める懲役３月）ことになります。

3. 電磁的記録不正作出罪及び不正作出電磁的記録供用罪

　近年、コンピュータの普及により、従前は文書が用いられてきた多くの分野で電磁的記録が取って代わり、文書と同じ機能を果たすこととなりましたが、この電磁的記録の公共的信用も文書と同じく保護していくために、昭和62年に電磁的記録不正作出罪及び不正作出電磁的記録供用罪が新設されました（刑法第161条の２）。

　なお、電磁的記録にはその作出者が公務所または公務員である公電磁的記録の場合と私人作出の私電磁的記録の場合があります。例として前者には、自動車登録ファイル、住民票ファイル、後者には、銀行の預金元帳ファイル、クレジットカード等支払い用カードの電磁情報部分があります。

4. 支払用カード電磁的記録に関する罪

　上記３の罪の特則として、平成13年にも刑法改正があり、支払用カード電磁的記録に関する罪が新設され、電磁的記録中、クレジットカードその他の代金または料金の支払い用カードを不正に作出した者、これを供用した者、借り渡し、貸し渡し、輸入した者も厳しく処罰されることとなりました（刑法第163条の２）。

（奥田）

〈関連項目〉
有価証券偽造罪（Q50）

Q50 有価証券偽造罪について教えて下さい。

A

　有価証券偽造に関する罪は、有価証券に対する国民の信用・信頼を確保するために、刑法で処罰対象として規定されています。わかりやすくいえば、悪用するつもりで公債証書、官府の証券、会社の株券その他の有価証券を偽造・変造した者は、3月以上10年以下の懲役に処せられます。また悪用するつもりで、真正に成立した有価証券に虚偽の記載をした者も同様です（刑法第162条）。このような有価証券を作出するだけでなく、実際に偽造等をした者が、これを行使した場合や、他人に交付した場合も同様の処罰を受けます（刑法第163条）。

　刑法で偽造すること等が処罰の対象となる「有価証券」とは、財産権を表示した証券で、その表示された権利の行使または処分のために証券の占有を必要とするものとされています（最決昭和32年7月25日刑集11巻7号2037頁）。必ずしも、証券の流通性が必要とはされていないので、商法等で使用されている「有価証券」の概念よりも広いことに留意すべきです。条文に例示されている公債証書（国債、地方債等）、官庁名義の証券、株券等のほかにも、手形や小切手はもちろん、クーポン券、商品券、鉄道乗車券、定期券、宝くじなども含まれます。したがって、会社が顧客に提供する商品割引券なども「有価証券」に含まれることになります。

　なお、クレジットカード等の電磁的記録カードの信用性についても保護の対象とされています（刑法第163条の2～163条の5）。電磁的記録を偽造する場合には、記録に入力する情報が必要となりますが、こういった情

報を入手して偽造の準備を行うことも処罰の対象となっています。プリペイドカード等は現代社会において、ほとんど現金同様に使用されていますので、偽造すること、偽造カードを使用することが処罰の対象になるのも当然のことかと思います。最近は「ポイントカード」などを発行する企業もありますが、ポイントがたまったときに、カードの呈示があれば各種サービスが受けられることになりますので、これも他のカード同様支払用電磁的記録に含まれるものと考えられます。

　有価証券偽造罪で処罰される行為については、偽造する、変造する、虚偽記入することが対象となります。「偽造」とは、その有価証券を作成する権限がない者が他人名義を勝手に使って有価証券を作成する行為です。「変造」とは、権限がない者が真正に成立した他人名義の有価証券に勝手に変更を加える行為です（たとえば、日付や金額を書きかえる行為など）。そして「虚偽記入」とは、作成権限を有する者が悪用する目的で有価証券に虚偽の記入をすることです。

　会社の不正で問題となりやすいのが、権限の濫用と逸脱の区別です。法律上、代表権や代理権を付与されている者が、その権限の範囲内で不当に（虚偽ではなく、権限を濫用して）有価証券を作成しても、（背任罪が成立することは別として）有価証券偽造、虚偽記入にはなりません。しかし、その権限を逸脱して有価証券を作成した場合には、有価証券偽造罪が成立します。

　　　　　　　　　　　　　　　　　　　　　　　　　　　（山口）

Q51 公正証書原本不実記載罪について教えて下さい。

A

　悪用することを目的として、公務員が作成すべき文書を勝手に偽造した場合には公文書偽造罪が成立します（刑法第155条第1項）。この公文書偽造罪は一般私人が作成した場合を処罰の対象としますが、公務員をして虚偽の文書を作成させる、つまり公務員を道具として使用し文書を偽造するケースを処罰するのが公正証書原本不実記載罪の規定です（刑法第157条）。

　つまり作成権限のある公務員に対して虚偽の申立てを行い、権利・義務に関する公正証書の原本、公正証書の原本たるべき電磁的記録に重要な虚偽内容を記載させる行為は、公正証書原本不実記載罪として処罰の対象となり、5年以下の懲役または50万円以下の罰金に処せられます。また、同様の方法により免状、鑑札、旅券に不実の記載をさせた場合には、1年以下の懲役または20万円以下の罰金に処せられます。

　ここでいう「権利・義務に関する公正証書」とは、一般私人の権利・義務に関する一定の事実を公的に証明する文書のことです。たとえば、戸籍簿、土地や建物の登記簿、自動車登録簿、住民票、外国人登録原票等です。このようなものが文書として保存されているのではなく、登録ファイル（電磁的記録－自動車登録ファイルなど）として保存されている場合には、このようなファイルも客体に含まれることになります。なお印鑑簿については、もっぱら事実証明に関する公簿であり、権利・義務に関する公正証書にはあたらない、とした判例があります（神戸地裁姫路支部昭和33年9月27日）。

　その他「免状」とは、一定の人に対して一定の行為をなす権能を付与する行政庁作成の証明書を指し（自動車運転免許証、医師免許証など）、「鑑

札」とは公務所の許可、登録があった旨を証明するもので、その携帯を要求されるもの（中古品売買取扱に関する許可証など）、「旅券」とは一般にパスポートを指します。

処罰の対象となる行為は、公務員に対して虚偽の申立てをして、不実の記載・記録をなさしめることです。申し立てられた公務員は、その申立内容が虚偽であることを知らないことを前提とします。わかりやすい例としては、

①他人所有の未登記不動産を、自己所有の不動産である旨を申し立てた場合
②他人の印鑑を使用し、その土地を譲り受けたように装って所有権移転登記を申請した場合（最決昭和35年1月11日）
③債務者が、債権者からの強制執行を免れる目的で第三者と共謀し、自己の建物を第三者に移転したように装い所有権移転登記を申請した場合
④他人を欺くため、当事者双方が合意して仮装の債権・債務に基づいて、虚偽の抵当権設定登記を申請した場合
⑤所有権移転の不動産登記について、その原因が贈与であるのに、売買による所有権移転であると申し立てた場合（大判大正10年12月9日）
⑥仮装の株式払込みに基づいて、新株発行による変更登記を申請した場合（最決平成3年2月28日〈アイデン架空増資事件〉判時1379号141頁）

などがあります。

以前は第三者割当増資によって架空増資を行うケースでは、この公正証書原本不実記載罪によって摘発されましたが（例えば「駿河屋」（和歌山市）事件等）、最近は、本罪よりも金融商品取引法違反（偽計）罪によって摘発される例が増えています。　　　　　　　　　　　　　　　　　（山口）

〈関連項目〉
公文書偽造罪（Q48）

【アラーム】
アイデン架空増資事件

Q52 事実無根の情報をネット上に投稿され、それが原因で売上が落ちた場合、業務妨害罪で訴えることはできますか？

A 最近はネット社会の普及により、インターネット上での広報活動も盛んになりました。しかし一方で、ネット検索をすると企業にとって良からぬ噂が広まる、という弊害もあります。噂が真実であればまだしも、事実無根の情報によって企業の信用が毀損され、商売に影響が出ることは深刻です。このような情報がネット掲示板に流れている場合、企業としては、まず掲示板管理者に対して情報の削除を要求すべきです。また、プロバイダ責任法（正式名称は「特定電気通信役務提供者の損害賠償責任の制限及び発信者情報の開示に関する法律」）に基づき、情報を掲示板に公表した者の個人情報（たとえばIPアドレス）の開示を求めることも検討すべきです。ただ、実際には掲示板の管理人は、個人情報保護の要請から、他人のIPアドレス等を安易に開示してくれることはありません。したがって、裁判などを通じてのみ発信者の個人情報を知ることができるのが現実であり、容易には情報を把握できないところです。

ただ、本件のように企業の売上に影響を及ぼすような悪質な行為については、刑事処分の対象になるものと考えられます。たとえば、業務妨害罪により告訴手続きをとることが検討されるべきです。捜査機関から情報開示を求められた場合、掲示板管理人はただちに個人情報を提供することになります。「○○会社は経営状態が危ないから、取引先は早く取引を停止した方が良い」「○○社は、クレーム隠しをしており、告発されれば倒産は免れない」などのような書き込みがネット掲示板に記されており、それが虚偽であった場合には人（会社などの法人を含む）の経済活動に関する

能力（企業としての支払い能力、商売・営業能力など）への社会的評価を低下させることになり、刑法の「信用毀損及び業務妨害罪」に該当する可能性があります（刑法第233条。ちなみに同条では、「虚偽の風説を流布し、又は偽計を用いて、人の信用を毀損し、又はその業務を妨害した者は、3年以下の懲役又は50万円以下の罰金に処する」となっています）。

　ここでいう「虚偽の風説を流布し」とは、不特定または多数の人に対して虚偽のうわさを流した場合のことをいいます。また、「偽計を用い」は業務妨害罪にも適用されることで、たとえばネット掲示板への書き込みで実在する他人になりすまし、問合せ先としてその人のメールアドレスなども記載したうえで虚偽のうわさを広めるような場合です。

　信用毀損罪における「信用」とは、その人・会社が社会から受けている支払能力などの経済的な信頼やその人・会社に対する一般社会で認められている社会的な評価を指していると考えられます。「毀損する」とは、そうした社会的信頼を低下させる行為をすることです。信用を現実的に失わせなくても、そのおそれのある状態を生じさせれば当該法規が適用されると判断されています。ネット掲示板への書き込みや、報道機関などに対して虚偽のうわさを流布して行う場合が該当します。名誉毀損罪（刑法第230条）が、個人のプライバシー、名誉自体を保護しているのに対して、この信用毀損罪は、経済的・財産的な信用を保護するための法律です。また親告罪（被害者が告訴しなければ公許提起できない犯罪）ではなく、告訴がなくても捜査機関は立件することができます。　　　　　　　　（山口）

〈関連項目〉
個人情報保護法（Q42）

Q53 懲戒処分における法律上の原則と制限について教えて下さい。

A

　懲戒処分は、公務員の場合と民間会社の従業員の場合とで、その法的根拠が異なります。公務員における懲戒処分とは、職員に非違行為があったとき、その職員に対する制裁としてなされる処分をいい、国家公務員法第82条および地方公務員法第29条に規定があります。職員は、法律で定める事由による場合でなければ懲戒処分を受けることはありません。「法律の定める事由」ですが、公務員における懲戒処分は、国家公務員は人事院規則で、地方公務員は地方公共団体ごとに条例で、その詳細が定められています。懲戒処分の実施は、通常その旨を記した書面を交付して行います。

　民間企業における懲戒処分は法的根拠としては労働契約法第15条に規定がありますが、主に就業規則に定められている範囲で就業規則に定める手続きを経て行うことになります。通常は公務員の規定に準じて、懲戒処分の内容が決められているところが多いようです。民間企業の従業員に対しては、公務員の懲戒免職同様の懲戒解雇が最も厳しい処分となります。以下では、民間企業の従業員に対する懲戒処分について解説します。

　民間企業は、職場の秩序維持のために合理的な範囲内で従業員に対する懲戒権を有しています。懲戒権の行使にあたっては、その懲戒の目的に見合ったものでなくてはならず、一般的な就業規則で規定されている懲戒処分の例としては（軽微なものから重大なものの順で）、

・訓戒
・減給

・出勤停止
・諭旨解雇
・懲戒解雇
などがあります。

　なお、これらの懲戒処分は職場秩序の維持確保のために万能の権利ではなく、従業員の権利確保のため厳しい制約があります。労働契約法第15条も「客観的に合理的な理由を欠き、社会通念上相当であると認められない場合は、その権利を濫用したものとして、当該懲戒は無効」となることが規定されています。

　たとえば社内のセクハラやパワハラが問題となり、社内調査の結果、加害者とされる従業員の懲戒処分が問題となるとしても、セクハラ、パワハラの禁止が明示された規則が存在しなければ懲戒処分に付することはできません（ただし、抽象的にでも禁止規定があれば可能となるケースや、また規則自体は存在しなくても、職場の秩序を乱す行為として、別途ガイドライン等で禁止されるべき行為の指針が示されている場合にも、懲戒は可能となる場合があります）。また、セクハラやパワハラ行為にも、その不正に関する程度に軽重がありますので、これに見合った懲戒処分が下される必要があります。刑法上の重大な犯罪に該当するようなケースでは、加害者に対する懲戒解雇処分もやむを得ないと思われますが、比較的軽微な行為をもって重大な懲戒処分に付することは、社会通念上相当な処分とはいえず、懲戒処分自体が無効になるものと思われます。

　最近では、懲戒処分の違法性を争って、懲戒対象者から会社に対して損害賠償請求訴訟が提起され、会社側の不法行為が認められて懲戒対象者側が勝訴するようなケースも出ています。懲戒処分を検討する場合には、社内における調査の時点から慎重な配慮が必要になります。　　　　　　　（山口）

Q54 名誉毀損罪とは何ですか？不正調査において、無実の従業員に対して疑いをかけた場合、名誉毀損で訴えられますか？

A

「名誉毀損」とは、公然と事実を摘示して、他人の名誉を侵害することを指します。名誉毀損については刑事処分の対象になります（刑法第230条—被害者からの告訴がなければ公訴提起できない、いわゆる親告罪、刑法第232条参照）。また名誉を傷つけられた者が不法行為として（民法第709条、第710条）、毀損した者に対して損害賠償や名誉回復行為を求めることも可能です。

法律が保護する「名誉」とは、人の社会的評価や価値を示すもの全般を指します。「公然と事実を摘示する」とは、不特定または多数人が認識し得る状況において、他人に関する具体的な事実を公表することを指します（公表される事実については真実・虚偽の区別を問わない）。刑法上は侮辱罪も別途規定されていますが、具体的な事実を指摘する以外の方法によるケースでは侮辱罪が成立します。「2ちゃんねる」のようなネット掲示板へ投稿する、自分のブログに事実を記載する、といった方法も、アクセスしようと思えば誰でも閲覧可能な状況となりますので「公然事実を適示する」ことに該当します。インターネット掲示板への書き込みについても、名誉毀損罪が成立するとして、通信会社に発信者情報の開示を命じた最近の最高裁判決（平成22年4月8日裁時1505号154頁）もあります。

不正調査を実施する者は、不正調査の結果や調査過程によって判明した事実を正当な理由なく公表したり、職場の関係者に周知させるようなことで調査対象者の名誉を害することがないように配慮しなければなりません。

行き過ぎた調査方法によって調査対象者の名誉やプライバシー侵害が発生した場合には、調査者および使用者である企業自身が損害賠償責任を負うことがありますので注意が必要です。

ある従業員に対して、なんら名誉毀損に関する事実が存在しないにもかかわらず、その調査過程が表面化し、また誤った調査に基づく懲戒処分を公表した場合には、調査社員や公表した社員について名誉毀損罪が成立する可能性があります。この場合には、被害者は調査担当者や社内に噂を広めた者に対して刑事告訴を行い、また損害賠償請求訴訟を提起することが考えられます。

最近でも、大手IT機器メーカーの役員が反社会的勢力と親密な関係にあるとして、その調査結果が公表され、もしくは調査過程が社内で明らかにされたため、役員側は個人の信用を著しく低下せしめるものであり名誉毀損であるとして、会社を相手として損害賠償請求訴訟を提起した事例があります。

なお、不正行為の存在を公表した後、調査対象者の不正行為が存在しなかったことが明らかとなったとしても、調査手続きにおいて違法なところがなく、また不正行為が存在すると判断するにあたっての合理的な理由（たとえば証人の証言に信用性がある、合理的な疑いを抱くに足る証拠がある等）があれば、不正調査に基づく判断が違法であったとはいえ、そのため名誉毀損（不法行為）も成立しないこともあります。いずれにせよ、社内調査等は限られたチームのなかで守秘義務を課して行うべきであり、調査過程をむやみに第三者に漏らさないことが重要です。また、調査内容を公表することで調査対象者の名誉毀損にあたるリスクが存在する場合には、できるだけ速やかに弁護士等の法律専門家に相談すべきです。　　（山口）

Q55 不正調査における肖像権および個人情報保護法上の留意点を教えて下さい。

A

　たとえ職場であっても、役職員の人格権は最大限確保されることが企業に要請されます。ここ10年ほどの間に、セクハラやパワハラに関する裁判例が増え、マスコミで大きく報じられることをみても、役職員の人格権侵害は企業の社会的信用の低下と結びつく課題であることがわかります。

　セクハラやパワハラと同様、役職員の肖像権や個人情報保護についても、その人格権尊重にかかわる課題であるため、不正調査にあたっては細心の注意が必要です。社内でむやみに写真撮影やビデオ撮影をすること、社内で管理されている個人の情報を勝手に会社目的で活用することは、人格権侵害として違法性を帯びる可能性があります。たとえば一般探索的な不正調査（何か悪いことをしていないか、常時監視する）の目的をもって会社が役職員を記録装置等によって監視することは、肖像権侵害に該当する可能性が高いと思われます。

　しかし、社内で不正が発生し、誰が行ったのか、またどのような方法で行ったのか判明しないような場合、誰がやったのかはほぼ把握しているが、その具体的な立証方法に乏しいような場合など、不正調査の必要性が高いような時点においては、先の一般探索型調査とは異なるため、許容される場合もあると思われます。

　裁判でも、社内における個人のプライバシー権や肖像権侵害が問題となったケースがあります。たとえば、従業員の私用メールを上司が勝手に閲覧したことの是非が問題となった東京地裁平成13年12月3日の判決（労判

826号76頁）では、「監視目的、手段およびその態様等を総合的に考慮して、監視される側に生じた不利益を比較衡量のうえ、社会通念上相当な範囲を逸脱した監視がなされた場合にかぎり、プライバシー侵害になると解することが相当である」として、従業員のプライバシー侵害に関するルールを定立しました。社内規則等において、あらかじめ緊急事態においてはパソコン内の無断閲覧を許容する条項があれば、社員の包括的な事前許可があったとみることもできます。

また、私用メールの無断閲覧に関する東京地裁平成14年2月26日判決（〈日経クイック事件〉労判825号50頁）では、多量の業務外メールの存在が、あらかじめ明白な場合には、無断で閲覧することにも正当性ありとされています。

このような判決から、一般探索型の不正調査で肖像権やプライバシー権を侵害することは違法性が高いものの、社内規則で無断閲覧に関する要件があらかじめ決められている場合や、調査対象者の違法行為が他の証拠等によって相当程度証明されているような場合には、合理的な範囲における不正調査行為は許容されるということがわかります。その合理的な範囲とは個別のケースごとにみる必要がありますが、調査方法が人権侵害の程度として必要最小限度の方法であるかどうか、とくに当該調査対象者だけを不利益に扱ったものでないかどうか（平等原則違反）、採取されるべき証拠が別の目的で利用されるおそれはないか（他事考慮）といったことを総合的に判断して決定されるのが一般的なところです。具体的にどの程度までの調査方法が許容されるかは、以後のQを参照ください。　　　　（山口）

〈関連項目〉
個人情報の入手（Q56）、肖像権の侵害（Q57）

Q56
不正調査を行うにあたって、従業員に関する個人情報の入手はどの程度まで認められますか？

A

　不正調査においては、企業が行き過ぎた調査を行った場合には、調査対象者から人格権侵害を理由に損害賠償請求権を行使される可能性がありますので、慎重な配慮が必要です。また、最近は従業員に対する人権への配慮が欠けている場合には、マスコミ等の報道の対象となり、世間から非難を浴びるケースも増えています。

　しかし不正をそのまま放置していては、資産の流用をもたらし、企業としての内部統制の整備義務を履行していないと指摘されることもあります。不正調査の限界に関する基本的な考え方は、Q55（不正調査における肖像権及び個人情報保護法上の留意点）を参照ください。

　そこで、たとえば従業員に不正の疑いが生じた場合、当該不正事実を立証するために、調査対象となっている従業員の個人情報の入手が不可欠となりますが、具体的にはどの程度まで可能でしょうか。就業規則において不正疑惑が生じた場合には、個人情報を入手することへの包括的な承諾が規定されているのであれば、企業側における情報入手が許容されることも多いでしょう。しかし従業員に無断で個人情報を入手するとなると、損害賠償の対象となるだけでなく、入手した情報の証拠価値も喪失する（違法な方法によって収集した証拠については、その証拠能力が認められない場合があります）等、問題も多いと思われます。

　調査対象とされる従業員の保有財産を調べるために、不動産登記簿謄本を取り寄せることは誰でも可能ですし、不動産登記申請書類を閲覧すること、住民票の写しを取り寄せること等も、その必要性が認められれば可能

です。不動産の評価証明や戸籍謄本などは、基本的に記載者本人でなければ取り寄せが困難ですが、訴訟準備等のために必要がある場合には第三者でも閲覧謄写が可能なので、弁護士等に依頼することで当該情報を入手することも可能となります。

　調査対象者の不正を立証するために有効なのが預金通帳（入出金明細）ですが、金融機関と調査対象者との契約に基づき、第三者に開示することはほとんどありません（弁護士法第23条に基づく照会制度によって開示されることはありますが、現実には回答を拒否されることが多いようです）。したがって、調査対象者による事前の同意を得なければ預金通帳の内容は判明しません。

　そのほかに、不正調査として調査対象者の犯歴情報についても入手したいところですが、犯歴は高度にプライバシー保護が要請されますので情報入手は困難です。ときどき不正調査の方法として、こういった犯歴情報の入手を信用調査会社に委託することもあります。しかし、そもそも犯歴情報は警察のみが管理しているものであり、一般の者が開示要求することはできません。信用調査会社では、いわゆる警察OBなる人たちを通じて、内部情報を聞き出し活用するといった方法がかつてとられていたと聞きますが、これも違法な情報入手であり、このような調査を委託した企業の調査方法も違法性を帯びる可能性があります。たとえ警察内部の情報を活用せずとも、最近ではインターネット上の検索エンジンの活用や、新聞社等のデータベース（有料）の活用などにより、過去の犯罪事実を調査することで調査対象者の犯歴も判明することがありますので、犯歴情報の適法な調査を検討すべきです。

　裁判の上でも「使用者は（労働者の）個人的生活、家庭生活、プライバシーを尊重しなければならず、観察或いは情報収集については、その程度、方法に自ずから限界がある」とされています（大阪高判平成3年9月24日〈関西電力事件〉労判603号45頁）。

（山口）

Q57 行動調査を実施する場合に、疑惑のある従業員を追尾しながら証拠写真を撮ることは、肖像権の侵害に該当しますか？

A

　不正調査の一環として、不正疑惑のある従業員に対する行動調査を行う場合があります。職務にともなう行動を観察することで、不正の現場を把握することは不正摘発にとって有効な手段です。そのため、調査対象者の会話盗聴、素行調査（私生活を含めた生活調査）、写真・ビデオ撮影などが調査手法として考えられます。しかし、これらの調査は対象者のプライバシー権や肖像権を侵害する程度が高いため、その手法には細心の注意が必要です。

　たとえば企業秘密の漏えい（不正競争防止法違反）が疑われる社員について、ライバル会社の社員との接触の場面を撮影することは有効な調査方法です。そのため、疑惑のある従業員を尾行して写真撮影やビデオ撮影を行うことは可能でしょうか。この点について参考となる裁判例があり、一般私人が被撮影者の承諾なしに、その容貌等を写真撮影することが許容される判断基準として、当該撮影の目的が社会通念上是認される正当なものであって、写真撮影の必要性および緊急性があり、その撮影が一般的に許容される限度を超えない相当な方法をもって行われる場合とされています（札幌高判昭和52年2月23日判タ349号270頁）。

　したがって、証拠写真を撮影することが企業秘密保護にとって不可欠であり、撮影自体が緊急を要するものであり、また追尾しながら写真撮影することが相当な方法によって行われている場合には、たとえ肖像権侵害のおそれがあったとしても、当該写真撮影は適法なものと考えられます（なお、証拠写真の撮影は、どうしても個人行動の観察を伴いますので、ここ

でも一般探索型の不正調査は許されないものと思われます。社内の単なる噂程度では「合理的な疑い」があるとはいえず、他の調査手法をもって、調査対象者に相当程度の秘密漏えい行為の疑いが発生している場合に許容されると考えるべきです）。写真撮影と同様、ビデオ撮影の場合にも同じ判断基準があてはまりますが、ビデオ撮影は必要な時点における撮影ではなく、恒常的に調査対象者の行動を記録するものであるため、写真撮影よりも肖像権侵害の程度が高いものと思われます。たとえば信用調査会社が、調査対象者の自宅に向けてビデオカメラを設置し、自宅に出入りする人物を無断で撮影した事案において、調査対象者のプライバシー権を侵害するものであることは明らかとして、信用調査会社の不法行為を認定しています（京都地判平成18年1月24日）。したがって、ビデオ撮影の場合には適法性の要件該当性については、写真撮影の場合よりも若干厳格に考えるべきでしょう。

　ただし、企業と従業員の関係を考えますと、勤務時間、社内における従業員の行動は、労務提供義務の関係から、ある程度監視されることはやむをえないものと思います。したがって、上記のような監視行為も、それが社内かつ勤務時間内になされるのか、社外でなされるのかによっても、適法性の判断が異なる可能性があります。このあたりの判断に迷った場合には、あらかじめ法務担当社員もしくは顧問弁護士等に相談することをお勧めします。

(山口)

2．調査テクニック

Q58 不正調査の実施の際の注意点は何ですか？

A

多くの場合、不正調査は、内部通報などの申し立てや内部監査などをとおして把握される「不正の懸念」をきっかけとして実施されます。そのため、調査の開始時点では、情報の不確実性が高い場合も少なくありません。調査実施にともない入手される情報を冷静に分析して、誤った思い込みによる的外れな調査とならないように、慎重かつ柔軟な姿勢を維持することが重要です。

企業などで、取締役会などが調査手続きを事前に定めている場合には、その調査手続きに従って、調査を行うことが求められます。ここでは、一般的な注意点を、調査の計画段階、実施段階に分けて説明します。

1．計画段階

調査を効率的・効果的に進めるためには、事前の周到な計画策定が重要です。計画策定に際して考慮すべき事項には、次のようなものがあります。

① 調査の目的：不正調査の目的は、単純には「事実解明」ですが、調査を計画する場合には、調査の結果どのような対応が想定されるかを理解しておくことは重要です。とくに、法的措置が想定される場合は、法律的な証拠能力を担保することが必要となるなど、調査の深度や収集すべき証拠の量と質が異なるため、計画段階から準備が必要です。

② 時間的制約：調査では、常に慎重かつ正確な事実解明が求められています。一方で、慎重かつ正確に調査を進めようとすると、時間がかかります。調査チームは、その事案の重要性・複雑性と、適時性・迅速性とを

適切にバランスさせ、パフォーマンスの最大化を図る必要があります。
③他の機関への報告：関連機関に通告することが必要な個人情報流出などの不祥事もあります。その場合、調査報告書の提出が求められますが、その際、所定の解明事項が充足されている必要があります。
④秘匿性：場合によっては、調査を行っていること自体を秘匿しなければならないケースもあります。その場合、調査アプローチや調査チームの組成に影響します。
⑤専門性：専門的インタビュー、電子データ解析やパソコンデータ解析などのコンピュータ・フォレンジクスなど、高度の専門性を必要とする作業領域では、専門家の関与が必要となります。
⑥透明性：企業不祥事などで透明性が求められる場合には、外部委員からなる調査委員会を立ち上げることを検討する必要があります。

計画段階での注意点は、以下のとおりです。

(a) 調査の監督責任者は、調査対象者よりも上席の人物とすること。また、経営上層部が調査対象の場合には、取締役会等が設置する第三者委員会が監督することが望ましい。
(b) 調査チームの任務を明確にし、各任務を適切なメンバーに割り振ること。とくに、専門的なスキルが必要とされる領域では、その専門性を有する人材を任命するか、外部の専門家の利用を検討すること。
(c) 調査チームから、直接の上席者を含む、調査対象者と利害関係を有する人物を排除すること。
(d) スケジュール管理を行うこと。いつまでに何を完了するかを明確にしておく一方、進捗状況に応じて、スケジュールやアプローチの変更を可能とする柔軟性も持たせること。

2.実施段階

調査において実施される調査内容ごとに、注意事項をまとめると、次のようになります。

①書類の分析

　調査に際して、調査担当者は、膨大な量の書類を調査し、また、証拠資料として整理しなければなりません。書類の分析に関する注意点は、次のようにまとめられます。

(a) できるだけ原本を入手すること。また、書類の受け渡しに際しては、記録をつけ、書類内容、受領時期、受領元などを明らかにしておくことが重要である。

(b) 書類の整理整頓をしておくこと。書類に管理番号をつけておくことも管理方法の１つである。

(c) 書類の真実性、とくに、印鑑やサインの鑑定が必要な場合には、専門家への依頼も検討すべきである。

②関係者との面接調査（インタビュー）

　面接調査は、「情報を引き出すために行われる、質問と応答によるコミュニケーション・プロセス」です。面接調査は、特定の目的のために構成され、面接者のコントロール下で実施されるべきものであり、自由にコミュニケーションを図ろうとする会話とは、異なるものです。この面接調査に関する注意点は、次のようにまとめられます。

(a) 面接前に、十分な準備を行うこと。

(b) 面接をスムーズに行うためには、聴取者は応対者に対して冷静かつ親和的に接し、信頼関係を構築することが重要である。

(c) 応対者の回答する言語的情報のみならず、無意識の反応などの非言語的な情報も、重要なメッセージである。聴取者は、細心の注意を払って、すべての情報を敏感にキャッチしなければならない。

(d) 面接には、一定の面接技術が存在しており、その修得度合いは、面接の成果に大きく影響する。常日頃から面接技術の習得に努めることが重要である。

③コンピュータ・フォレンジクス

　近年の不正調査においては、紙ベースの文書のみならず、パソコンやサ

ーバなどに保管される電子情報やメールの交信情報自体が、調査の対象となっています。不正調査において、この電子情報を、法定証拠としての信頼性を確保しながら、取得・分析する作業が、コンピュータ・フォレンジクスです。このコンピュータ・フォレンジクスに関する注意点は、次のようにまとめられます。

(a) 電子情報は揮発性（すぐに内容が変化してしまう性質）が高く、扱い方を間違えると、法定証拠としての信頼性が失われるおそれがある。基本的には、熟練したコンピュータ・フォレンジクス専門家により実施されることが望ましい。

(b) データ分析に際しては、一般的に信頼性が確認された専用ソフトを利用することが望ましい。

(c) コンピュータ・フォレンジクスを活用して得られる情報は、ときとして強力な証拠となるが、それらはあくまで情報でしかない。その情報をいかに有効に活用できるかが重要なのである。

(小川)

〈関連項目〉
面接調査（Q59）、デジタル・フォレンジック調査（Q76）

Q59 面接調査を実施するにあたっての留意点は何ですか？

A

　面接調査とは、情報を引き出すために行われる質問と回答のやり取りです。面接調査は、特定の目的のために実施されるもので、普通の会話のように自由なやり取りを許容するものではありません。

　面接調査を実施する際には、以下のような点に留意することが必要です。

(1) 通常の一般調査では、面接調査を行う強制的な権限はないので、任意で調査に協力してもらいます。

(2) 事前に入手した情報を吟味したうえで、面接調査の戦略を練ることが重要です。準備不足の状態では、自信をもって面接を主導できなくなり、調査の有効性を損ないます。

(3) 応対者（面接を受ける者）が、聴取者（面接を実施する者）から偏見や先入観をもたれていると感じる場合には、協力的ではなくなります。聴取者は、公正中立であると感じられるように振る舞う必要があります。

(4) 面接調査の目的を確立させて、応対者に正式に接触する時は、聴取者はその理由を提示しなければなりません。

(5) 聴取者は、時間を守り、専門家らしい身なりをし、応対者への対応は公平であるべきです。聴取者が応対者を脅迫する素振りをみせてはなりません。応対者が時間を気にしている場合には、面接に協力的でなくなることが多いので、時間的に余裕をもった面接調査に配慮します。

(6) 基本的に、一度に1人ずつ聴取することが重要です。複数の応対者に対して同時にインタビューを行うと、1人の証言が他の人に影響してし

まうおそれがあります。また、面接に参加する聴取者は、1名ないしは2名に限定することが理想的です。しかし、多人数が参加して面接調査を行わざるを得ない場合は、主たる聴取者を明確化し面接調査をコントロールするなど、聴取側のメンバー間でルールを取り決めておきます。

(7)　面接調査は、プライバシーが守られる環境下で進められるべきです。友人や家族、同僚の視界外で行われるのが最適で、率直に答えやすくなります。面接中はドアを閉めておくべきですが、応対者が部屋を出ようとしたときにいつでも出られるように鍵はかけないでおく必要があります。「拘束下での尋問」という主張を回避するための対応策です。

(8)　通常、弁護士をともなうべきと応対者に伝える必要はありませんが、対象者が弁護士の同伴を希望した場合、その権利を否定できません。ただし、同伴の弁護士には観察のみを許容し、質問や異議を唱えることを認めるべきではありません。

(9)　聴取者は、つねに友好的・共感的な態度で、冷静沈着に、礼儀正しい対応をします。調査中は、否定的な反応や言葉づかいを避け、非難や嫌悪感、驚きの感情を態度に出したり、善悪を決めつけてはいけません。

(10)　聴取者は、応対者が面接の最中に示すさまざまな反応を観察し、その変化を感じとらなければなりません。声の大きさ・トーン・早さの変化、表情の変化、脈拍の上昇や発汗、身振り手振りの早さ・大きさの変化、視点が定まらないなどの眼の変化、腕や脚を組むなどの防御的な姿勢といった反応です。変化を感じとるためには、応対者が普段どのような特徴を示しているかを把握しておくことが大切です。調査の当初において、通常の会話での応対者の反応を理解しておくとよいでしょう。

優れた面接調査は、緻密な準備と細心の注意を払って臨むことが肝要であり、知識と経験およびテクニックの研鑽も重要です。　　　　　　　（小川）

Q60 面接調査における5つの質問について、その目的と方法を教えて下さい。

A

　面接調査において、聴取者（面接を実施する者）は、大きく分けて5つの質問を行います。「導入段階での質問」「情報収集のための質問」「査定質問」、「締めくくりの質問」そして「自白を促すための質問」です。それぞれにつき簡単に説明を加えると、次のとおりです。

1.「導入段階での質問」

　この質問は主に2つの目的のために行われます。前置き（準備段階）の提供および応対者（面接を受ける者）から口頭によって面接調査の合意を得るためです。導入段階では、簡潔に自己紹介を行い、ラポール（調和、親近感などが確立された関係）を確立し、面接調査の目的を説明し、応対者の基本的な反応パターンを観察し、そして、応対者から面接調査に協力するという確約をとる、という手順がとられます。

2.「情報収集のための質問」

　導入段階の質問により面接調査の準備が整ったら、次に情報収集のための質問に移行します。情報収集のための質問には、オープン・クエスチョンと、クローズド・クエスチョン、そして誘導質問の3つがあります。オープン・クエスチョンは、聴取者がトピックだけを指定し、後は応対者の裁量で自由に回答できるように設計された質問スタイルです。クローズド・クエスチョンは、通常「はい」「いいえ」で答えることができる質問スタイルです。誘導質問は、質問の一部に答えが含まれている質問のことで、

既知の事実を確認するために用いられます。それぞれの質問は最も効果的に情報収集が行えるように選択されることになります。

情報収集のための質問では、①応対者を防御的反抗的にする可能性が低い質問から始めること、②時間的な経過や体系に沿って事実を確認していくこと、③応答者に回答を修正させる機会を与えること、④推論と事実を区別すること、⑤必要に応じて質問を繰り返すこと、⑥応答者が自由に説明を終えた後、検討すべきすべての事項について質問すること、⑦質問が終わった後に、応対者に提供してくれた情報を要約してもらう、ないしは、事実をまとめ導かれた結論が正しいかどうか応対者に確認してもらうことが重要です。

3.「査定質問」

情報収集の段階において、応対者が詐欺的である（偽りの話をしている）と聴取者が合理的に感じる場合には、査定質問が行われることになります。査定質問は、基本的に応対者から言語的・非言語的な反応を得るために行われ、聴取者はその反応を注意深く査定します。ほとんどの人にとって、嘘をつくことはストレスを生じさせる一方、人間の体は言語的・非言語的な方法によって、このストレスを発散しようとする傾向があります。したがって、査定質問をきっかけとして応対者にストレスが生じているか否かを確認することにより、聴取者はある程度の精度において、応対者の信用性を推し測ることができます。

4.「締めくくりの質問」

締めくくりの質問では、聴取者が応対者の供述を正しく理解していることを確認すべきです。また、既知の事実を確認する一方、応対者がそのことに関して話したいいかなることでも話せる機会を与えることも重要です。さらに、適切に行えるのであれば、案件解決の手助けになる他の書類や証人などの存在を尋ねてみることも有効かもしれません。聴取者が今後何か

追加質問をできるかどうかを聞いてみることも重要です。これによって、追加協力のためのドアを開けたままにしておくことができるようになります。

5.「自白を促すための質問」

　自白を促すための質問は、応対者が有罪である（不正を働いている）ことがほぼ間違いないと考えられる場合にのみ行われます。自白を促すための質問には、①無実である者の潔白を明らかにする、ないし②有罪である者の自白を促すという目的があります。有罪か否かは、質問に対する言語的・非言語的な反応、書類、物的証拠、他の面接調査の結果に基づいて判断されます。自白を求める過程では、①応対者を直接的に非難する、②応対者の反応を観察し、非難の後に応対者が激しい異論を唱えない場合（そのようなときは、有罪である可能性が高い）には、同じ確信と強さをもって非難を繰り返すということになります。応対者が否認しようとするときは、その否認を阻止することも重要となります。いったん否認の姿勢を固めてしまうと、それを変更するのは非常に難しいからです。説得が功を奏する場合もあります。いずれにしても、洗練されたテクニックを駆使して、応対者が自白するまで根気強く追及を続けることが必要となります。（小川）

〈関連項目〉
不正調査（Q58）、オープン・クエスチョンとクローズド・クエスチョン（Q61）、動作学的面接テクニック（Q62）

COLUMN
●クレッシーってどんな人？●

　ドナルド・R・クレッシー（Donald R.Cressey）は、アメリカにおける犯罪社会学の主導的な学者の1人である。クレッシーは、1919年4月27日にミネソタ州ファーガス・フォールズ（Fergus Falls）にて生誕し、1943年にアイオワ州立単科大学を卒業した後、異質的接触理論を打ち立てたサザランド（E.H.Sutherland）に師事して、1950年にインディアナ大学において博士号を取得している。その後、26年間、カリフォルニア大学サンタ・バーバラ校において社会学の教授を務め、その間、サザランドとの共著である『犯罪学原論』（Principles of Criminology）を出版している。本書は、アメリカはいうまでもなく世界的レベルにおいて、30年以上にわたって犯罪原因学と犯罪予防学の分野における標準的なテキストとして使用されている。また、クレッシーは、133人の横領犯と詐欺犯にインタビューを試み、横領の分析を行った『他人の金』（Other People's Money）の著者としても知られている。

　私がクレッシーと出会ったのは、アメリカ犯罪学会のときである。当時、私はカリフォルニア大学バークレー校犯罪学部の博士課程に在学していたので、1970年代の初めの頃ではないかと思う。実に40年前のことである。

　アメリカ犯罪学会は、犯罪学に関する世界最大規模の学会といわれており、参加者は毎回3,000人以上にのぼる。500から600の分科会が開催され、同時に30から40のプログラムが進行するので、計画的に参加するには自然と著名な学者が報告している分科会に出席することになる。報告者の名前と表題を載せた300頁以上の冊子が配布されるので、犯罪学の著書を執筆している学者を選び出すのが得策である。

　彼が主宰する分科会に向かう途中のことである。当日は、2つのホテルを借り切って学会が開催されていたが、本会議の行われていたホテルの会議室の傍の廊下で、3、4人の弟子に取り巻かれて歩いてきたのが、クレッシーであった。クレッシーの着ていたTシャツには、次のように書かれていた。「世界で一番有名な犯罪学者クレッシー」（World Greatest Criminologist Cressey）。あまりにも堂々と自分を宣伝していることに唖然としたが、学会で楽しみの1つである著名な学者と知り合うという目的を達成するために、急いでクレッシーに挨拶をした。「頑張れよ」という一言が今でも心に残っている。

　クレッシーは、1986年に大学を退職した後、金融犯罪予防研究所の所長となり、その研究と発展に身を捧げたのであるが、1987年7月21日に68歳で亡くなっている。

（藤本）

Q61 オープン・クエスチョンと、クローズド・クエスチョンというヒアリングのテクニックについて教えて下さい。

A

　オープン・クエスチョンやクローズド・クエスチョンは、情報収集のための質問を行う場合に選択される質問スタイルの１つです。面接調査では、質問と回答のやりとりをとおして情報が引き出されますが、その情報収集を効果的に行うために、オープン・クエスチョンやクローズド・クエスチョンが組み合わされることになります。

　オープン・クエスチョンとは、聴取者（面接を実施する者）がトピックだけを指定し、後は応対者（面接を受ける者）が自分の裁量により自由に回答ができるように設計された質問スタイルです。オープン・クエスチョンでは、「あなたの仕事についてお話しください。」「事件当日の状況について説明してください。」「この問題についてどう思いますか？」というような形式の質問がなされることになります。面接調査では、個別に用意された質問に対する回答よりも、応対者が任意で話した内容から重要な情報が得られることが多いようです。したがって、面接調査の情報収集の段階では、聴取者は基本的にオープン・クエスチョンを多用するように努めるべきです。また、オープン・クエスチョンに対して応対者が自由な供述をしている間は、それが少し時間を要するものであっても、不必要な質問で応対者の発言を妨げるべきではありません。むしろ、聴取者が応対者自身や彼らが話す内容に興味をもっているかのように表現して、供述を促す方が良い結果につながるものです。

一方、限られた時間で一定の成果を上げるためには、面接調査を特定のポイントへ向かわせるために、回答をコントロールすることも必要になります。たとえば、「私は内部統制システムが構築されたときに、あなたがその部署にいたことを知っています。だから、それらがどのような内容であったか教えてください。」のように、質問を工夫することによって、応対者がその内部統制システムに関する知識をもっているということを認めやすくさせることが可能となります。また、質問は、一般的な内容から具体的な内容へと移行することが基本で、その移行をとおして面接調査をコントロールすることが可能となります。

　オープン・クエスチョンの対極にあるのが、クローズド・クエスチョンです。クローズド・クエスチョンは、短答式質問を用いた質問スタイルで、多くの場合、「はい」「いいえ」のどちらかの答えや、量、日付、時間などの正確な回答を求めるものです。たとえば、「あなたは××をしましたか？」「〜したのは誰ですか？」「それが起きたのは何曜日ですか？」などの質問が、これに該当します。なお、「はい」「いいえ」のどちらかを選択させる質問の場合、応対者が聴取者からの依頼を拒否しにくい雰囲気を作り上げるためには、「はい」と答えるような質問を設定するべきであるといわれています。情報収集の段階では、聴取者は基本的にオープン・クエスチョンを多用するように努めるべきだと説明しました。クローズド・クエスチョンは、回答の正確さが期待できるかわりに、内容の広がりに欠ける傾向があります。そのためクローズド・クエスチョンは、情報収集の段階よりも、聴取者が応対者の供述を正しく理解していることを確認するための締めくくりの質問において、より有効性が発揮されます。

　オープン・クエスチョンとクローズド・クエスチョンの双方に関連することですが、1つかそれ以上の主題が含まれ、わかりづらく、また、複雑な回答を必要とするような質問は避けるべきです。応対者を混乱させ、誤

った回答を導く可能性があるからです。たとえば、「あなたのここでの役割はどういったもので、どれくらいの期間ここで働いているのですか？」といった質問がそれにあたります。意地悪で鋭い質問を避け直接的で素直な質問を行うこと、一度に１つの質問を行い、回答が１つだけ求められる質問形式にすること（一問一答形式）が重要です。また、「あなたは何かが正しくないと疑っていなかったのではないですか？」といった二重否定の質問も、しばしば応対者に誤解を与え、誤った回答を導き出す危険性があるため、避けなければなりません。

　オープン・クエスチョンであれクローズド・クエスチョンであれ、面接調査を成功させるためには、応対者が気持ちよく面接調査に協力してくれる状況を作ることが重要です。そのためには、質問のテクニックも重要ですが、同時に聴取者と応対者との間で意思疎通を図り、ラポールを確立することに貢献するように、質問内容を設計することも重要だといえます。

(小川)

〈関連項目〉
不正調査（Q58）、面接調査を実施するにあたっての留意点（Q59）、面接調査における５つの質問（Q60）、動作学的面接テクニック（Q62）

COLUMN

●破れ窓理論とは？●

　「破れ窓理論」（Broken Windows Theory）は、1982年に、アメリカの政治学者であるウィルソン（J.Q.Wilson）と犯罪学者であるケリング（G.L. Kelling）によって提唱され、1994年にニューヨーク市長となったジュリアーニ（Rudolph Giuliani）によって実践された理論である。

　この破れ窓理論の主張を簡単にまとめると、誰かが1枚の窓ガラスを壊し、その壊れた窓ガラスをそのまま修繕せずに放置しているということは、その地域の住民の誰もが地域の安全と安心に無関心であるということを示すシグナルであり、犯罪者は、その地域の無関心・無秩序につけこみ、悪事を働くようになるというものである。

　この理論的帰結を導き出す前に、ウィルソンとケリングは、パトカーによるパトロールと徒歩によるパトロールの有効性いかんについて分析・検討している。徒歩によるパトロールが行われている地域の住民は、行われていない地域の住民よりも、犯罪の危険性が少ないと感じており、警察についてもより好意的な意見をもっている傾向にあったことから、徒歩によるパトロールは、実際に犯罪抑止効果をもたらすというよりも、むしろ、地域住民の不安感の解消に有効であると結論づけたのである。

　次に、ウィルソンとケリングは、地域社会のレベルにおいては、住民同士の無関心や無秩序と犯罪は、一種の発展的連続性の関係にあることを指摘している。すなわち、住民同士に敬意や礼儀正しさがなく、匿名性の高い地域社会においては、「誰も人のことなど気にしない」という意識につけこみ、破壊行為が行われやすく、それは次第に重大な犯罪へと発展する可能性があることを主張したのである。

　この破れ窓理論に基づき、ニューヨーク市は、警察官の増員、「ゼロ・トレランス政策」（Zero Tolerance Policy：凶悪な犯罪の撲滅のために、地下鉄の落書きや無賃乗車、あるいは酔っぱらいの取締り、さらには軽微な街頭犯罪を徹底的に取り締るという政策）、コムスタット会議（COMPSTAT：Computerized Statistics：犯罪データベースを用いてリアルタイムの戦略策定を行う）などを行い、その結果、1990年代中頃から、ニューヨーク市は、犯罪発生率が全米25都市中で23番目という安全な都市となったのである。日本においても、安全神話を復活させるために、破れ窓理論に基づいて空き交番をなくす施策を行うことにより、交番を地域住民の防犯センターとして機能させ、「犯罪捜査主体」の警察から「社会秩序の維持」を重視する警察へとその役割を大きく転換することが、現在求められている（藤本哲也『犯罪学の窓』中央大学出版部、2004年、88-95頁参照）。

（藤本）

Q62 動作学的面接テクニックについて教えて下さい。

A

　動作学的面接テクニックに関して、Frederick C.Link と D.Glen Foster は、その著書 *The Kinesic Interview Technique* のなかで、「進んでまたは意図的に何かを明らかにしようとしない者から情報を収集するための面接調査テクニック」と定義しています。

　ストレスが起こると、人間は感情的に反応します。そして「人間はストレス的な環境から逃避するか、それに立ち向かおうと身構えるかのどちらかであるが、どちらであろうと、人間の動物的な性癖は人間がストレスに反応するように指図している。」と Link と Foster は仮定します。そして、この概念を面接調査にあてはめて、応対者のストレスに対する反応を読み解く技術が、動作学的な面接テクニックであるといえます。

　動作学的な面接テクニックは、「ほとんどの人間は嘘をついたり他人を騙そうとする際には、『ボティーランゲージ』をとおして詐欺的な意図を表す」という仮定に基づいています。したがって、動作学的面接テクニックでは、供述内容そのものだけではなく、応対者がどのようにその供述を行ったかという点にも注目することになります。そのなかには対象者の仕草、振る舞い、顔の表情、声の抑揚なども含まれますが、それらは、調査員が注視すべき特徴のごく一部であるとされています。

　こういった反応は通常無意識に行われるものであり、ほとんどのケースにおいては自分が著しく異なった行動をとっていることに気づくことはないのです。聴取者が観察すべきそういった行動や兆候は、「意義的言動」(応対者がストレス下におかれていることを示す行動）と呼ばれます。Link

とFosterよれば、この意義的言動は次の3つに分類されます。

1. 自身による口頭供述

これは、聴取者による促進・奨励によることなく応対者自身によって自発的になされるものです。この種の供述の例としては、話し方の変化、直接的に聴取者に向けられる極端な畏敬、親しげな言葉、遠回しな回答、供述があげられます。応対者の話す速さは増す傾向があり、応対者は反応する前に躊躇したりどもることもあります。こういった言語的な表現は、応対者が質問をかわしたり、応対者が感じている罪の意識を抑制するための無意識な試みを意味します。一般的に、不誠実な者は真実を語っている者よりもより積極的に自身による言語的な兆候を示す傾向があります。

2. 促進された言語的反応

促進された言語的反応は、聴取者にとって詐欺的な者を誠実な者と区別するための重要な道具となります。吟味・構成された一連の質問を用いることにより、応対者が誠実であるか否かを示す非常に有効なサインをみて取ることができます。この場合、応対者に吟味・構成された質問の意図が気づかれないように、うまく通常の会話のなかに一連の質問を織り込む必要があります。

吟味・構成された質問の例には、次のようなものがあります。

(a) 刑罰に関する質問：聴取者は応対者と不正行為を行った者への刑罰について、たとえば「犯罪者がどうなると思いますか？」などと何気なく話します。この種の質問がなされたとき、通常、犯罪に何ら関わっていない無実の者は「閉じ込めて鍵を捨ててしまえばいい。」などのように、犯罪者は厳しく罰せられるべきだと答えるでしょう。一方、罪を犯した者は、「犯罪者は公平に扱われるべきである。」「お金を盗んだ者はひどい病気であり、精神的な助けが必要なのだろう。」などのように、犯罪者に同情的に答えます。罪を犯した者は、本質的に「私を傷つけるな。」

と答える傾向があるといえます。

(b) 物的証拠に関する質問：これは、応対者を誤解させるための質問を行い、反応をみるものです。聴取者は、応対者に対して「あなたの指紋が犯罪現場の近くにあるかもしれない理由はありますか？」というように、応対者と犯罪を結び付けるような証拠が存在しているようにほのめかします。その場合、通常、犯罪に何ら関わっていない無実の者は、可能性のある証拠自体には興味を示さず、単に「いいえ。」と回答します。一方、罪を犯した者は、しばしば、その証拠自体について心配するようになり、他の嘘をついて証拠自体が無意味であると否定します。

(c) 犯罪の存在に関する質問：たとえば、聴取者は応対者に対して、「この犯罪行為が本当に起こったと思いますか？」と質問したとします。通常、犯罪に何ら関わっていない無実の者は、単に「はい。」と回答します。一方、罪を犯した者は、「いいえ。」と回答する傾向があります。

3．非言語的な行動／ボディーランゲージ

応対者のボディーランゲージを査定することにより、真の意図を明らかにすることができます。応対者の話す内容と、ボディーランゲージの示す内容がまったく異なる場合もあります。最初に、応対者の「通常の」ボディーランゲージ、自然な振る舞い（癖）がどんなものかを見極めなければなりません。

ほとんどの人間にとって、顔は体のなかで最も表現に富む部分です。聴取者はいくつかの顔の特徴や表情を観察することができます。具体的には、次のような特徴がみられます。

(a) 目：単独で最も重要な非言語的な兆候は、応対者によって視線がそらされることです。応対者は目を閉じたり手で目を覆ったり、頭を回したり下を向いたりするかもしれません。面接調査の最中にこういった視線を妨げる行為は、応対者が詐欺的であることを示している可能性があります。

(b) 眼球の動き：応対者が面接調査の最中に不信感や心配を示したとき、

応対者の回答は誤っているか詐欺的である可能性が高いといえます。
(c) 顔を触る：ストレス下においては、多くの人は繰り返し鼻の先を触ったり顎をこすったりするようになります。これは、しばしば恐怖的な状況への不安を示す反応です。
(d) 赤面：顔や頬が赤くなった者は、一般的に血圧が上がっているか、プレッシャーかストレスを示しています。
(e) 喉仏：心配したり不安になっているとき、人の咽頭は頻繁に上下に動きます。
(f) 頸動脈：不安を感じている者は、首の血管が浮き出ることがあります。また、一般的には、腕や足を組むという行為は、自身を隠したり守ろうとするボディーランゲージ（防御的仕草）であるといわれています。

なお、動作学的面接テクニックを用いるときは、以下の事項に考慮すべきです。
①行動が何もないこと自体が何かを意味している場合がある。
②刺激が繰り返されるとき、行動は比較的一貫していなければならない。
③聴取者はそれぞれの応対者にとって、何が普通または「基本の」行動なのかを把握し、基本となる行動からの変化に注視する。こういった応対者の行動における観察された変化は個々ではなく「集合体」として分析・判断する。
④行動を観察し解釈することは難しい作業である。
⑤聴取者が応対者をみているときは、応対者も聴取者をみている。
⑥動作学的な面接調査の有効性は、集団ごとに異なる可能性がある。

(小川)

〈関連項目〉
面接調査（Q59）、オープン・クエスチョンとクローズド・クエスチョン（Q61）

Q63 監視調査（行動調査）の種類にはどのようなものがありますか？

A

　監視調査（行動調査）とは、人々に対する計画された観察行為により、調査対象となる特定人物の行動内容を把握するための調査をいいます。監視は、住居や勤務先、調査上有益と思われる場所、犯罪行為が行われている場所を特定するために用いられます。また、人の行動パターンに関する重要な証拠ともなり得ます。監視活動は注意深く記録されなければなりません。そのため、詳細なノート、記録帳、フィルム、ビデオ、小型電子集音装置などが適切に利用され、監視調査の結果、日時・場所を特定したうえで、対象人物の立ち寄り先や行動、どのような人物と面会したかなどの詳細な状況を把握し、文書や映像に記録して報告されることもあります。

　監視は、移動監視と固定監視に大別されます。また最近では、衛星監視を利用できるようになっています。それぞれの内容は、以下のとおりです。

(1)　移動監視は「尾行」と呼ばれることがあります。移動監視は、徒歩や車両によって行われ、人が移動する際に行われます。監視は、単独で行われる場合も、複数人で行われる場合もあり、また徒歩と車両の双方が利用される場合もあります。移動監視では、混雑具合や道の状況なども考慮のうえ、最も適切な方法を監視者が臨機応変に決めることになります。

(2)　固定監視は「張り込み」と呼ばれることがあります。固定監視では、対象者は1ヵ所に留まっており、監視者はより近い距離での観察のために周囲を移動します。固定監視を行う場所は、店舗、アパート、家、自

動車などで、地域全体をくまなく注意深く偵察しておくことが重要となります。双眼鏡や電子機器、カメラ、録音装置などの備品の用意も必要です。

(3) 最近では、衛星情報の入手も可能となってきています。人に対する監視ではまだ利用価値が乏しいかもしれませんが、工場の保安などには衛星画像が適しているといえます。工場におけるぬかるんだ土壌や車の通り跡、その他警備上の問題となり得る点が明らかになるかもしれません。また、敷地内への侵入経路や地図の作成、重要な場所の特定などに役立つ可能性があります。今後、ますます活用が期待される領域であるといえます。

移動監視、固定監視のいずれであっても、監視は、監視者の常識、技術、機転、工夫による作業となります。注意深く計画され、適切に行われる監視は、調査に多大な成果をもたらしますが、準備不足、誤ったタイミング、そして、不確かな監視は、順調に進んでいる調査をも台無しにしてしまう危険性もあります。監視に関するいくつかの留意点を以下にあげます。

〈監視の方法〉

緩やかな監視（Loose Surveillance）と密接監視（Close Surveillance）とがあります。緩やかな監視では、対象者を常に監視下におく必要はなく、対象者が不審を抱いたようであれば監視は中止します。一方、密接監視では、たとえ、不信感を抱かれたとしても監視は続行します。

〈準備〉

監視者の服装は、その場所や集団に合うものでかつ目立たないものが適切です。もし対象者が監視者に気づいたとしても、記憶に長く残ることがないよう、派手な服装は避ける必要があります。また、上着や持ち運びができる小物によって外観の印象を変え、対象者に発覚することを防げます。

〈電子機器〉

場合によっては、電子監視機器の使用を検討する必要もあり、夜間監視では双眼鏡や暗視スコープを使用するケースも想定できます。　　　（小川）

Q64 鑑定の種類には何がありますか？

A

　鑑定とは、裁判所の判断を補助するために、裁判所の指定した学識経験者または団体、ないしは裁判所または捜査機関が委嘱した学識経験者が行う、専門的知識の報告、または、その知識を具体的事実に当てはめて得られた判断の報告をいいます。法律関係者が、事件に関して、特別な専門知識や経験を有する法律以外の専門家の協力を求める際に利用されるのが鑑定であり、特別の知識経験に属する一定の法則そのもの、または、これを適用して得た具体的な事実判断等が報告されることになります。

　鑑定には、たとえば、血液鑑定、DNA鑑定、声紋鑑定、毛髪鑑定、筆跡鑑定、精神鑑定などがあります。血液鑑定では、ABO式検査のほか、ルイス式血液型検査、MN式血液型検査など、複数の検査があり、状況によって、それらが複数組み合わされています。

　DNA鑑定とは、人の細胞内に存在するDNAを形成している塩基配列の多型性に着目し、これを鑑定対象として分析することによって、個人識別を行うものです。DNA配列は、同一人の場合、すべての細胞につき同じで終生不変であり、一卵性双生児を除くと個人ごとに異なっているという特徴があり、個人識別の精度がきわめて高いといわれています。DNA鑑定は、犯罪捜査や、親子など血縁の鑑定に利用されています。DNA鑑定に関しては、通常の検査方法では、検査で判定できるのは塩基配列そのものでなく、あくまで繰り返し数をもつ部位のみであるため、「DNA鑑定」ではなく「DNA型鑑定」と表記される場合もあります。DNA鑑定により、個人の識別のほか、親子関係や兄弟姉妹関係を証明することが可能となり

ます。なお、DNA鑑定の証拠能力を担保するには、①検査実施者の適格性、②器具の性能・作動の正確性、③検査結果の信頼性、が確保されることが必要であると考えられます。

声紋鑑定は、人の音声の周波数分布を分析装置にかけて模様化し、画像として示すもの（声紋）で、犯人の同一性立証に用いられます。人の声紋には個人識別可能な個性が含まれており、その声紋を科学的に鑑定することにより、証拠能力が確保されることになります。なお、判例からは、①検査実施者の適格性、②器具の性能・作動の正確性、③検査結果の信頼性、が認められる場合には、声紋鑑定の証拠能力は認められるとされています。

毛髪鑑定は、人の毛髪を形態学的に検査することによって、個人識別に利用するものです。毛髪鑑定の精度を高めるために、形態学的検査に加えて血液型学検査やDNA型検査を組み合わせることもあります。その精度に関しては疑問も提起されており、裁判例では、補助的立証手段にすぎないとして、その証明力を否定された判例もあります。

筆跡鑑定とは、筆者不明の筆跡（鑑定資料）と筆者の既知の筆跡（対照資料）とを比較対照することによって、それを書いた筆者が同一人であるか別人であるかを識別するものです。筆跡鑑定では、筆跡に出る個人のくせ（筆勢、筆圧、筆順など）を科学的に解明しようとするものですが、未だ科学的な検証を得ていないため、その証明力には限界があるといわれています。

精神鑑定では、精神科医などの専門家が、訴訟当事者などの精神状態・責任能力を判断するための意見を述べることになります。精神鑑定においては、記録閲覧をとおした人物像の把握、面接、心理テスト、脳の医学的検査などが行われます。

（小川）

Q65 情報源および情報提供者にはどのような種類がありますか？

A

　調査において、有用な情報を入手できるか否かは重要なポイントです。有用情報の入手先としては、情報源と情報提供者が存在します。情報源とは、その職業ゆえに情報を提供しうる者であり、問題となっている不法行為に関して責めを負う者ではありません。一方、情報提供者は、直接的・間接的な事件への関与人物であり、不法行為者である可能性もあります。

　情報源や情報提供者を利用する際には、「身元をできるだけ秘密にする」「情報源や情報提供者による情報を別途裏付ける」「別途証明された情報から証人や書類証拠を開拓する」という3つの基本的な決まりがあります。

　情報源ならびに情報提供者の種類は、以下のようになります。

　情報源とは、その職業ゆえに情報を提供しうる者であり、たとえば、金融機関の役員、弁護士・公認会計士などの職業専門家、法執行機関職員などが含まれます。情報源は、まれなケースですが、情報提供の見返りとして金銭を要求する場合もあるようです。しかし、情報を入手する側から、見返りとしての金銭の提供を提案するのは、望ましくありません。

　情報提供者に関して、ポール・B・ウェストンとケネス・M・ウェルズは、『犯罪捜査（Criminal Investigation: Basic Perspectives）』という書籍のなかで、情報提供者を「基本的情報提供者」「参加型情報提供者」「内密の情報提供者」「共謀者／証人」に分類しています。具体的な内容は以下のようになります。

① 「基本的情報提供者」

　基本的情報提供者は、不法行為を偶然知ってしまった人物であり、その不法行為を警察に報告する者です。情報提供を行う理由はさまざまです。無節操な活動を阻止することに「貢献」したいとの理由からであったり、そのような報告をすることによって犯罪者を傷つけたいと思うからかもしれません。麻薬や不法ギャンブルなどの犯罪地域に関わっている情報提供者の場合には、ライバルを打ちのめすという意図をもっている可能性もあります。

② 「参加型情報提供者」

　参加型情報提供者は、重要証拠の収集作業に直接的にかかわる人物です。この種の情報提供者は、情報を提供するだけではなく、逮捕目的で犯罪者に近づくことから始まり「苦痛な」作業に関与します。その名が示すとおり、参加型情報提供者は不正行為や犯罪行為の調査への参加者となります。

③ 「内密の情報提供者」

　内密の情報提供者は、犯罪行為について当局に報告するという点では他の情報提供者と同じですが、彼らは通常は秘密調査のために状況や環境に埋没し、内報や情報のために時折呼ばれるという点において異なります。内報者として隔離される状況から、この種の情報提供者は「もぐら」と呼ばれることもあります。ウェストンとウェルズは、秘密調査が一般的に行われる2つの例を組織犯罪と過激団体の場合としています。秘密調査により、そのような団体が将来起こす可能性のある犯罪に関する情報を入手可能な場合があります。

④ 「共謀者/証人」

　共謀者/証人は、頻繁に犯罪行為の情報提供を求められます。特定の国では、もし共謀者が情報を提供しなければ、同じ罪で起訴されてしまう可能性もあります。その場合、共謀者は起訴段階での恩赦と引き換えに、共犯者に関する「秘密を打ち明ける」ように説得を受けることもあります。

(小川)

Q66 従業員に対する事情聴取はどのような点に気をつけなければなりませんか？

A

　日本では、捜査機関が被疑者を取り調べる場合には、あらかじめ、自己の意思に反して供述をする必要がない旨を告げなければならないものとされています。しかし、捜査機関以外が調査を行う場合には、このような告知義務は課されていません。したがって、会社ないしは会社の依頼を受けた人物が従業員に対する事情聴取を行う場合には、自己の意思に反して供述をする必要がない旨の告知義務はありません。

　自己の意思に反して供述をする必要がない旨の告知を行うにしても行わないにしても、従業員が事情聴取に際して黙秘を続けると、かえって同人が不利な状況におかれることは否定できません。ですから、事情聴取に際しては、積極的に事情聴取に協力するように要請することが肝要です。

1. 弁護士立ち会いの要否

　従業員は、不正調査にあたっての事情聴取に際して、自己が選任した弁護士を除き、（社内または社外を問わず）他の者と協議をしてはいけません。事情聴取に際しては、その旨を明確に伝えることが重要です。また、法律は起訴された被告人に対して弁護士依頼権を保障していますが、企業における調査にあたっては、弁護士の立ち会いなしに従業員を事情聴取しても違法とはなりません。また、個人である従業員が自ら必要とした場合には弁護士の援助を受けることができますが、会社側には、事情聴取に先だって選任した弁護士と協議しなければならないという法的義務も、弁護士を事情聴取に立ち会わせなければならないという法的義務もありません。

なお、逆に、事情聴取時に会社の顧問弁護士や社内弁護士が立ち会う場合もあり得ます。その場合には、事情聴取を開始する前に、従業員に対して次の事項を告げることが望ましいといえます。
①弁護士は会社の代理人であり、従業員の代理人ではないこと
②会社に法的助言を行うための情報を得るために行われること
③従業員から得た情報は当初は秘密情報として取り扱うが、捜査機関に聴取した情報を提供するかどうかの最終判断は会社が行うこと
④従業員は質問に対して、完全にかつ真実を回答するように期待されていること

2. その他の留意事項

従業員に対する事情聴取において、ほかに気をつけるべきポイントは、以下のとおりです。
①従業員の事情聴取は、その従業員よりも上席の人物が行うこと
②直接の上司など、業務上の関係が深い人物は、事情聴取の場には同席させないこと
③事情聴取を容易に行えるように、できれば調査がすべて完了するまでは、従業員としての地位を維持すること（解雇などは行わないこと）
④事情聴取を行う側は、常に冷静さを保ち不要な非難を行わないこと
⑤事情聴取の内容をほかの従業員に漏らさないように念を押すこと
⑥従業員の精神状態に気を配り、不要にストレスを与えすぎないようにすること。従業員が強いストレスを受けていると感じた場合には、その後の配慮を怠らないこと

（小川）

Q67 不正調査における従業員の権利にはどのようなものがありますか？

A

1．不正調査における従業員の立場をどう考えたらよいか？

不正に関与していると思われる従業員と、不正に関与はしていないが事情を知っていると思われる従業員とがいますが、いずれの場合にも従業員の企業に対する企業秩序遵守義務が認められていることから、従業員は不正調査協力義務を負っているのです。

2．不正調査における従業員の権利にはどのようなものがあるか？

日本国憲法33条は、「何人も、現行犯として逮捕される場合を除いては、権限を有する司法官憲が発し、且つ理由となつてゐる犯罪を明示する令状によらなければ、逮捕されない。」と規定して人身の自由を保障しています。

また、日本国憲法第35条は「何人も、その住居、書類及び所持品について、侵入、捜索及び押収を受けることのない権利は、第33条の場合を除いては（逮捕される場合・筆者注）正当な理由に基いて発せられ、且つ捜索する場所及び押収する物を明示する令状がなければ、侵されない。」と規定しています。これは、国民の財産権に関するプライバシー保護という権利を示したもので、捜査機関が捜索・押収する際に遵守しなければならない憲法上の原理です。企業での不正調査においても、従業員に対してこの原理が保障されます。

そして、日本国憲法第38条第1項は、「何人も、自己に不利益な供述を強要されない。」と規定しています。この規定は、自己負罪拒否特権と呼ばれていますが、自分に不利益になると思われることは供述しなくてもか

まわないという権利です。もちろん、具体的な質問に対して答えないというだけでなく、何もいわないでもかまいません（黙秘権）。この規定から、不正調査において、従業員は事情聴取を受けた際に、答えたくなければ供述することを一切拒否することができるという権利が保障されているのです。

このような憲法上のさまざまな権利は、不正に関与していると思われる従業員だけでなく、関与はしていないが事情を知っていると思われる従業員についても、同様に保障されています。

3．従業員の不正調査協力義務との関係はどう考えたらよいか？

企業の従業員には、企業秩序遵守義務が認められていることから、従業員は不正調査協力義務を負うことになりますが、憲法上の基本的な人権保障の枠組みの範囲でその義務を負うことになります。したがって、不正調査にあたっては、不正調査実施者にとって不正調査を実施するうえでおのずから限界があります。不正調査対象者に対して、調査期間中、その行動の自由を奪ったり、不正調査対象者の自宅に立ち入って証拠となる目的物を探したり、個人の所有物を不正調査対象者の承諾なく取得したり、事情聴取において、無理矢理供述させたりすることはできません。

4．従業員の権利を侵害して得られた証拠はどう考えたらよいか？

不正調査の手法が従業員の権利を侵害していたり証拠の収集方法が、著しく反社会的な場合には、調査の過程で取得された資料は、いわゆる「違法収集証拠」として訴訟で用いることができず、その結果、懲戒処分が無効とされたり、企業に損害賠償責任が認められたりすることもありえます。

不正調査において調査対象者のプライバシーや名誉を侵害する違法な方法によって証拠が収集され、その認定事実を理由とした懲戒処分に対して、懲戒処分の無効が訴訟で争われた場合には、企業の不正調査のやり方に対する社会の批判を招くことにもなりかねません。　　　　　　（安冨）

Q68 不正調査を行うにあたって、従業員はどこまで協力の義務がありますか?

1. 従業員の不正調査協力義務の根拠について

　パートタイム従業員や派遣社員（派遣対象労働者）を含む従業員は、企業に対して企業秩序遵守義務があります。不正調査は、企業秩序を維持するために行われますので、従業員の調査協力義務は企業秩序遵守義務に基づいているといえます。企業は、従業員に対し不正調査に協力せよとの業務命令を下すことができるのです。もっとも、従業員は、いつ、いかなる場合にも、当然に企業の行う不正調査に協力すべき義務を負っているものと解することはできないとされています（最判昭和52年12月13日民集31巻7号1037頁）。従業員は企業秩序遵守義務その他の義務を負うとはいっても、企業の一般的な支配に服するわけではないからです。

2. どこまで従業員は不正調査協力義務を負うのか?

　従業員が不正調査協力義務を負うのは、①その従業員が他の従業員に対する指導、監督または企業秩序維持等を職責とする者であって、不正調査に協力することがその職務の内容となっている場合、または②調査対象である違反行為の性質、内容、その従業員の企業秩序違反行為の見聞の機会と職務執行との関連性、より適切な調査方法の有無等の諸般の事情から総合的に判断して、不正調査に協力することが労務提供義務を履行するうえで必要かつ合理的であると認められる場合とされています。

　しかし、従業員が不正調査協力義務を負うといっても、企業は従業員のプライバシーや名誉などの基本的人権を侵害するような調査方法をとるこ

とは許されません。また、捜査機関のような強制的な手段を用いることもできません。したがって、従業員が不正調査への協力を拒んだ場合には、調査は見合せざるを得ないことになります。

3．従業員が調査を拒んだ場合、懲戒処分ができるか？

　不正調査協力義務を負う従業員が、正当な理由なく不正調査への協力を拒んだ場合には、企業は、企業秩序遵守義務違反を理由として、就業規則に基づき、その従業員の懲戒処分を行うことができます。もっとも、懲戒処分は、①懲戒処分の根拠規定がある、②その従業員の不正調査への協力を拒む行為が就業規則上の懲戒事由に該当する客観的にみて合理的な理由がある、③懲戒処分の理由とされた行為の性質や態様その他の事情に照らして社会通念上相当といえる懲戒処分であることが必要です（労働契約法第15条参照）。

　懲戒処分を行えるのは、対象従業員の地位やその従業員に求めた不正調査協力の態様、その従業員が従事している業務の繁忙の度合や健康上の問題の有無などを考慮したうえで、不正調査への協力を拒んだことが企業秩序を乱すものであり、懲戒処分が相当だといえる場合です。不正調査協力義務があるとはいっても、不正に関する事実を知っている可能性がそれほど高くない従業員が協力を拒んだからといって、ただちに懲戒処分とすることはできません。しかし、不正調査へ協力している態度をとっている従業員であっても、嘘の供述をしたり関係する資料を処分したりしていれば、懲戒処分とするのは問題がないでしょう。

　調査の対象となった従業員が不正をしていたと認定できなかった場合に、不正調査への協力を拒んだことを理由として懲戒処分をする場合には、その従業員が不正行為を行ったことを理由として懲戒処分を受けたのではないことをはっきりさせておく必要があります。　　　　　　　　　　（安冨）

Q69 不正調査の実施にあたって、従業員のメールを確認することはできますか？

1. メールの調査ができる法的根拠はどこにあるのか？

　従業員が使用する企業のパソコン等に保存されているメールを確認することによって、不正の事実や関与者の有無や関与の程度が判明することがあります。しかし、メールの内容には、送受信者のプライバシーに関係する情報等が含まれていることに留意しなければなりません。

　従業員は、就業時間中は職務専念義務を負っていますから、企業の業務用機器を私的に使用することは原則として許されません。もっとも、従業員が就業時間中に外部と連絡をとることが一切許されないわけではなく、就業規則等に特段の定めがないかぎりは職務遂行の支障とならず、企業に過度の経済的負担をかけないなど社会通念上相当と認められる限度で企業のパソコンを利用して私的メールを送受信しても、職務専念義務に違反するものではないと考えられています（東京地判平成15年9月22日労判870号83頁）。

2. 企業がメール調査をどこまで行えるか？

　従業員が企業のネットワークを利用して送受信した私的メールを、上司がその従業員の許可なく閲覧した行為（東京地判平成13年12月3日労判826号76頁）や社内での誹謗中傷メールを企業が調査して従業員が発信者であることを解明した行為（東京地判平成14年2月26日労判825号50頁）についての裁判例によれば、企業が不正調査としてメールの収集・分析を行う場合に、それがどこまで許されるかについては、①不正調査の必要性、

②不正調査の相当性、③不正調査対象者に生じた不利益とを比較衡量し、その不正調査が社会的に許容することができる限度を超えたと認められるか否かという基準によって判断されるということができます。

　また、就業規則やガイドライン等の社内規程で、企業が業務用機器であるパソコンの私的使用の有無・程度等について日常的に随時監視したり、問題が生じた場合に確認できる旨を明示していて、従業員に周知しているような場合には、従業員はプライバシーの保護について合理的期待を有していないと考えられるので、企業がメール等を確認できるといえます。

3．メール調査にあたって考慮すべき事情はどのようなことか？

　メール調査が許されるためには、不正調査の必要性と相当性が認められなければなりません。不正調査の必要性の判断は、不正調査の対象となる事実の重大性、不正調査の緊急性、不正調査対象者が不正行為を行ったと疑われる合理的事情の有無、不正行為者の特定につながる情報が不正調査対象者のメールに存在する可能性の有無等が考慮されることになります。

　また、不正調査の相当性の判断は、不正調査の目的・範囲、不正調査の対象となるパソコン等が企業の所有・管理にかかるか否か、職務上調査を行う権限と責任を有する立場にある者によって不正調査がなされているか、他の従業員との関係で公平さが確保されているか、不正調査対象となるメールの閲覧者が特定の者に限定されていたかなどが考慮されるでしょう。

　不正調査においてメールの収集・分析をする場合、不正調査の必要性がないということは通常、考えにくいことですが、不正の違法性がきわめて軽微であったり、他の資料等から不正調査の目的を十分に達し得る場合には不正調査の必要性が否定される場合もあり得ます。　　　　　　（安冨）

〈関連項目〉
従業員の個人情報入手の限度（Q56）

Q70 従業員に事情聴取する際に、会話を録音することはできますか？

1. 事情聴取にあたって録音することは有効か？

　不正調査にあたって、対象となる従業員から事情を聴取する際にやりとりを録音することによって調査対象者の供述やそのときの状況を正確に記録できます。しかし、調査対象者に録音することをあらかじめ告げて不正調査をする場合は、調査対象者が供述をためらったり、調査実施者が無意識のうちに緊張して臨機応変に対応できず、適切な質問をすることができなくなったりすることもないわけではありません。その意味では、事情聴取にあたって録音することは、かえってその目的を達成できない事態を生じることもあります。

2. 録音することにリスクはないのか？

　事情聴取を受けた調査対象者に対して、不正があったことが判明して懲戒処分をした場合に、その効力の処分を争って処分を受けた者が訴えを提起して訴訟となった場合、訴訟において録音したデータを裁判所に提出するように申し立ててきたとき、これに応じなければならなくなる（民事訴訟法第221条）ということも生じます。
　事情聴取での応答や供述経過に問題がなければ、裁判所に録音したデータを提出することになってもとくに不都合が生じることはないでしょう。しかし、事情聴取に際して、調査対象者に対する利益誘導、誤導、脅迫、名誉毀損等に該当する不適切な発言があったようなときには、調査対象者の供述の任意性や信用性が認められないとして、事情聴取で得られた供述

に基づいて判断した事実は誤っているとして、懲戒処分の効力が否定されることもあり得ます。さらに、その録音データが証拠となって、調査対象者に対する企業側の不法行為が認定され、企業が調査対象者に対して損害賠償義務を負うことになる可能性もあります。

3．調査対象者が録音を拒んだ場合にはどうすればよいか？

　調査対象者に事情聴取をするに際して、録音する旨を告げたのに調査対象者がそれを拒んだ場合に、調査者はどのように対応すればよいでしょうか。

　従業員には「調査協力義務」があるといえますが、調査対象者が調査協力義務を負うとしても、その義務に調査状況の録音に応じる義務まで当然に含まれるということはできないでしょう。そして、調査対象者が録音を拒否したということを理由として調査協力義務違反として懲戒処分を行うことは、処分の相当性を欠くことになるでしょう。

　したがって、調査協力義務を負う調査対象者があくまでも録音を拒否する場合には、調査実施者は録音の必要性や合理性を説明するなどして、調査対象者から承諾を求めることとなります。

4．調査対象者に録音する旨を告げずに、無承諾で録音できるか？

　いわゆる「秘密録音」について、裁判例では「話者の同意なくしてなされた録音テープは、通常話者の一般的人格権の侵害となり得ることは明らかであるから、その証拠能力の適否の判定に当っては、その録音の手段方法が著しく反社会的と認められるか否かを基準とすべきものと解するのが相当であり、これを本件についてみるに、右録音は、酒席におけるＩらの発言供述を、単に同人ら不知の間に録取したものであるにとどまり、いまだ同人らの人格権を著しく反社会的な手段方法で侵害したものということはできないから、右録音テープは、証拠能力を有するものと認めるべきである。」（東京高判52年7月15日判タ362号241頁）としたものがあります。

この見解によれば、事情聴取の過程で、調査対象者の供述内容を秘密裏に録音する場合であっても、その録音の手段方法が著しく反社会的なものでなく、調査対象者の人格権やプライバシーを侵害するものでなければ、証拠とすることができるということになります。
　しかし、この判決でも指摘されているように、秘密録音は一般的には、録音された会話の相手方の人格権を侵害するものであるということに留意しなければなりません。そこで、秘密録音を行ったことにより、企業が損害賠償責任を負う可能性もまったくないというわけではありません。
　不正調査における事情聴取の際の秘密録音は、原則として避けるべきでしょう。
　なお、聴取対象者からの供述内容を秘密に録音するのではなく、事情聴取の過程を記録するというために録音することは許されるでしょう。もっとも、無事に聴取が終了した場合には、録音したデータは消去しておくべきでしょう。
　　　　　　　　　　　　　　　　　　　　　　　　　　　　　　（安冨）

〈関連項目〉
調査協力義務（Q69）

COLUMN

●ホワイトカラー犯罪とは？●

　ホワイトカラー犯罪という言葉は、1939年12月27日にフィラデルフィアで開催された「第34回アメリカ社会学会」の会長就任講演において、サザランドによって提示された概念である。サザランドは、そこにおいて、名望ある社会的地位の高い者が、その職業上犯す犯罪をホワイトカラー犯罪と定義したのである。具体的には、ホワイトカラー犯罪とは、経営者・管理者など社会の各方面において指導的地位にある者が、その地位を濫用して、職務の過程において行う犯罪であり、会社の組織や事業のなかで行われる詐欺罪、横領罪、背任罪、公務員の賄賂罪などがその代表的なものとしてあげられている。

　サザランドは、製造、鉱業、商業関係の大会社70社により40年間にわたって慣行されてきた商行為のうち、社会的逸脱行為類型とおぼしきものを、裁判所や行政委員会の判決や決定のなかから選び出して分析し、その管理者・経営者が取引制限、詐欺的広告、特許権や商標権の侵害、不当労働行為、リベートの授受、金融詐欺や信託違反、統制令違反などの各種の犯罪を行っているという実態を暴き出した。そして、それにより、サザランドは、犯罪は下層階級にのみにみられる特殊な現象ではなく、中層階級や上層階級にもみられる普遍的現象であることを指摘し、それにもかかわらず、一般に上層階級や中層階級に犯罪が少ないように見えるのは、こうしたホワイトカラーによる犯罪が、通常の刑事手続によってではなく、特別な手続きによって処理されているからであるとしたのである。

　このように、ホワイトカラー犯罪は、犯罪の主体であるホワイトカラーの社会的な地位ゆえに、その犯罪性が曖昧にされ隠される傾向にあることから、「気づかれざる犯罪」と呼ばれることもあり、それがまた、ホワイトカラー犯罪の特徴の1つともなっているのである。

　日本においては警察、検察、国税局が専らホワイトカラー犯罪の捜査にあたっているが、アメリカにおける連邦の捜査機関の主要なものとしては、FBI、監察総監（Inspector General）、合衆国郵政公社査察局（U.S. Postal Inspection Service）、合衆国財務省検察局（U.S. Secret Service）、合衆国関税局（U.S. Customs Service）、国税局刑事捜査部（Internal Revenue Service Criminal Investigative Division）などが存在する（フリードリクス著（藤本哲也監訳）『ホワイトカラー犯罪の法律学』シュプリンガー・フェアラーク東京、1999年、i頁；藤本哲也著『犯罪学者のひとりごと』日本加除出版、2001年、102-108頁参照。）

（藤本）

Q71 従業員の所持品を調査することは合法ですか？

A

1. 所持品の調査はどのような方法でできるのか？

　不正調査対象の従業員が、自宅等に保管している物について調査はできません。従業員の自宅等には、企業の管理権限が及んでいないからです。それでは職場において、不正調査対象となる従業員が所有や所持している物について調査できるのでしょうか。

　職場であっても、対象者が所有する鞄等の内部を調べることは、従業員のプライバシーに対する侵害となる可能性が高いといえます。したがって、このような物を調査する場合には、一般的には不正調査対象者の承諾を得て、その立会いのもとで調査すべきでしょう。

2. 従業員の承諾がない場合での所持品の調査はできないのか？

　現金を取り扱う電車・バス等の乗務員に対して、乗務員による乗車賃の不正隠匿を摘発・防止する目的で、就業規則に基づき所持品検査を実施した事例があります。この裁判において、①所持品検査を必要とする合理的理由が存在し、②一般的に妥当な方法と程度において、③制度として職場従業員に対して画一的に実施される場合には所持品検査は適法であるとして、これらの要件を充たす所持品検査が就業規則その他明示の根拠に基づいて行われるときは、従業員は特段の事情がないかぎり、これを受忍する義務があるとしています（最判昭和43年8月2日民集22巻8号1603頁）。

　①の所持品検査を必要とする合理的理由というのは、たとえば、電子機器の部品製造を営む企業において機密漏洩防止を目的として持ち出しを防

止するとか、小物で貴重な物品を販売する企業において従業員によるその物品の持ち出しを防止するなどの場合には、必要性が認められるといえるでしょう。また、②の一般的に妥当な方法というのは、所持品検査を実施する理由を対象となる従業員に説明し、従業員に屈辱感を与えない方法で所持品の調査を実施することなどをいいます。

3．所持品の調査はどの範囲でできるのか？

　企業から従業員に対して貸与されている机などに保管されている所持品の調査は、従業員のプライバシー侵害のおそれがありますが、企業の管理権がより強く及ぶと考えられることから許されると考えられます。

　しかし、実際には企業秩序を破壊し混乱させる等のおそれがあるとは認められないにもかかわらず、ロッカーを無断で開けて従業員の私物を写真撮影するなどした行為について、不法行為が成立するとした裁判例があります（最判平成7年9月5日労判680号28頁）。

　また、所持品の調査が適法になるとしても、許されるのはその場所や物についての調査ができるというのにとどまり、従業員が所持している物を企業が取得することは許されません。たとえ企業に所有権または管理権があることが明白な物を発見したとしても、その物を対象者から取得したいときは、その物を所持している（占有者である）調査対象者の同意を得るしかありません。

　所持品を調査して、不正の証拠となる目的物を発見しても、不正調査対象者が同意してくれないために、その物を企業が取得できないとなると、不正調査の目的を達成できないことにもなりかねません。そうした不都合を避けるために、所持品の調査の過程を、その当初から一部始終もれなくビデオ撮影などして記録を残しておくべきでしょう。また、不正の証拠となる目的物については写真撮影をして、その形状や状態等を記録しておきましょう。

（安冨）

Q72 オンラインによる情報収集とは何ですか？

A

インターネットを活用した情報収集活動をいいます。多くはサーチエンジンなどにより、公的機関や民間機関、あるいは個人が発信する無料の情報源へのアクセスにより情報収集しますが、特定情報に特化した有料の情報源もあります。最近では、TwitterやFacebook、mixiなどのSNS（ソーシャル・ネットワーキング・サービス）を通じて複数の個人から関連情報を効率的に収集することも可能です。

1．サーチエンジンの活用方法

　Google等の検索エンジンを使用して、調査対象の法人や個人の情報を検索できます。

□フィルターを解除する

　通常、検索エンジンでは露骨な性描写や不適切なコンテンツにリンクされている可能性もあるため、フィルターがかけられている状態になっています。しかし、この場合調べている対象も除去されている可能性もあるため、フィルター設定を解除して検索することをお勧めします。

□AND検索など検索方法を工夫する

　法人を検索する場合、社名の前後に株式会社や有限会社の表記を入れて検索します。場合によっては社名中に「・」（中黒）を入れて表記する社名等もあるため、検索名をいろいろと変えて試す必要があります。また、調べたい対象名と一緒に、関連するキーワードや、懸念されるキーワードを併記して検索をする、いわゆるAND検索も有効です。

AND検索のキーワード例としては、社名と取引先名や仕入先名、あるいは訴訟内容や処分などが考えられます。このように、調査対象の情報をあらゆる切り口から検索してみることが大切です。

□どこにアクセスすれば、どの様な情報が入手可能かを把握する。

　無料の情報源、有料の情報源を把握しておく必要があります。

2. 情報源の活用例

　代表者名しかわからない企業を調査する場合、Google等の検索エンジンで代表者名検索をすれば、大抵は経営先企業のホームページを見つけ出すことができます。その後は「登記情報サービス」で、調査対象企業の登記情報を入手、「日経テレコン21」等の企業情報データベースから企業情報を入手すれば、大まかな経営状況を把握することができます。

　対象企業が保有する特許権や商標権等の知的財産権について知りたい場合、「IPDL 特許電子図書館」において企業名から簡単に保有している知的財産権を把握することが可能です。

　また、その企業が過去に販売していた商品やサービス等は「インターネットアーカイブ」を活用することにより、その商品やサービスの移り変わりを知ることもできます。

　「官報情報検索サービス」においては、代表者や役員に破産歴があるかをチェックすることも可能であり、「日経テレコン21」等の新聞・雑誌記事検索を活用し、過去に事件や事故、犯罪に関わっていたことを示す記事や行政処分受けていた内容記事を見つけ出すことも可能です。

　ただし、収集された情報のすべてが100％正しいとはかぎりません。ときには誤植、誤報、プロパガンダ的内容も含まれていることがあるので、入手した情報の「ソース」「発信源」「事実」を確認することも重要です。

　オンライン情報サイトのURLリストは巻末に掲載されています。

（脇山）

Q73 デジタル・フォレンジック調査とはどのようなものですか？また、その必要性や利便性についても教えて下さい。

A

1. デジタル・フォレンジック調査

　フォレンジック（Forensic）とは「科学捜査、犯罪科学や法廷における」などといった意味をもつ言葉です。デジタル・フォレンジック調査とは一般的にEvidence（証拠）となる電磁的記録を改ざんが不可能な形で「誰が」「何を」「いつ」「どこで」「どんな目的で」「どうやって」を明確にしながら調査を行うことです。

　パソコンや、サーバなどの調査の場合、それらの機器で利用されているWindows、Mac、UNIXやLinuxなどOSやソフトウェアに対する高度な知識が求められます。ただし、デジタル・フォレンジック調査を行う調査員はこれらのコンピュータシステムに対する知識だけでは、「フォレンジック」という観点からすると十分とはいえません。デジタル・フォレンジック調査で重要な部分とは一般的な電磁的記録の調査と違い、改ざんの余地がないことを証明できることにあり、法的な証拠として扱う際、その証拠に根拠をもたせることができます。

①必要性

　デジタル・フォレンジックの必要性とは、法的な争いが起きた際、刑事訴訟は当然ですが、民事訴訟についても証拠に対する信頼性が要求されます。数十年前まではデジタルデータは一部の専門家のみが扱うものだったのが、コンピュータが世の中に広く普及した現代、多くの人がデジタルデータを所持し、それを利用しています。それによって、デジタルデータに対する知識を得て利便性を学ぶとともに、デジタルデータの改ざんに対す

る脆弱性なども学んできました。デジタルデータは一般的には簡単に書き換えが可能だと思われがちです。ただ単純に電磁的記録の調査を行うだけだと、その証拠が調査時に改ざんされている可能性を否定するのは困難です。そこでデジタル・フォレンジック調査により、デジタルデータを扱う際はデータの指紋ともいわれる「ハッシュ値」をもとに、CoC（Chain of Custody）認証を行い、Evidenceに改ざんの余地がないことを証明する必要があります。

②**利便性**

　一般的にフォレンジック調査はインシデント（事件）が発生した際に利用される技術ですが、たとえば企業内のPCをランダムに選択し、定期的に調査を行いこれを従業員に告知することにより、抑止効果が生まれ不正を未然に防ぐ効果も期待できます。

　また、米国では不正を行った従業員を退職させる際に、PCをフォレンジック調査することにより、退職理由を明確にし、本人に認識させることによって、無用なトラブルを避ける手段としても用いられています。

（平岡）

Q74 デジタル調査の手順とデータ分析の方法を解説して下さい。

A

1. デジタル調査の手順

　デジタル調査の手順としてまず重要なのは、事件全体の把握と調査目的の明確化です。デジタル調査という言葉から、まずコンピュータの電源を入れるところから調査を開始すると思われがちですが、デジタルデータだからといって他の調査と特別に手順が変わるわけではありません。まずはデジタル調査を行う際に、調査員が事件全体を把握し調査目的を明確にするべきです。そうすることにより、その事件に対してどの機器を調査すればよいのか、調査範囲を明確にすることができます。デジタルデータは通常膨大な量になります。そのなかから調査に与えられた限られた時間のなかで、より的確なEvidenceを取り出すためには調査対象を絞る必要があります。また、調査対象を必要最低限に絞ることにより、調査コストを抑えることにも繋がります。

　調査対象が明確になったところで早速対象のコンピュータの電源を入れたいところですが、証拠性を保つというフォレンジック調査の場合、コンピュータの電源を入れることは絶対に行ってはいけません。仮にそのコンピュータで利用されているOSがWindowsだとすると、電源をいれてOSを起動した時点で、多くのレジストリの値、また多くのシステムファイル関連のタイムスタンプが変更されるおそれが生じます。これはたとえていうと、事件の捜査現場に捜査員が土足で入り込み、手袋をせず自分の指紋をべたべたとつけながら証拠物件を捜し回る行為と同じことです。このようなことの無いように、書込み防止装置を利用し、改ざんが無いように記

録を取りながら保全作業をすることが重要です。保全作業を終え、改ざんの無いイメージを取得したうえでデジタルデータの分析を行います。

2. データの分析

　データの分析は、フォレンジックツールを中心に行います。フォレンジックツールとは有名なものとしてFTK、EnCaseなどがあげられます。どちらも米国の連邦裁判所などでも信頼性のあるツールで、米国の法執行機関や調査会社、日本国内でも警察や調査会社、監査法人などで利用されているものです。米国のNISTと呼ばれる団体の認定も受けています。これらのツールを使用して、保全作業のときと同様、データ改ざんの可能性を否定しながら、削除されたデータの復旧や、画像データやOfficeアプリのプレビュー、WindowsOS上の暗号化、EFSなどの解析や、レジストリデータの解析などを行うことができます。基本的な動作としては、大量にあるファイルを見やすく、かつ対象となるHDD内のデータをデータベース化することによって、より効率よく解析を行うことができます。また、補助的なツールとして、レジストリの解析に特化したツールやOSを記録したLogの解析ツールなどを利用することがあります。これらのソフトは、フォレンジック用として用意されたツールではない場合、その動作の正確性を事前に確認する必要があります。ただし、フォレンジック・ツールはあくまでもツールであり、調査員には調査対象となるファイルシステムやOS、またインストールされているソフトウェアの動作などの高度な知識を熟知することが求められます。

　　　　　　　　　　　　　　　　　　　　　　　　　　　　（平岡）

Q75 ネット上に投稿された情報発信源を突き止めることは可能ですか？

A

　ネット上に投稿された情報発信源を突き止めることは可能です。
　一昔前までは、身元の秘匿性の高いネット上に存在する不特定多数の人間が利用する場所での誹謗中傷などは、誰が書き込んだのか、情報の発信源を特定することが困難でした。技術的に解析しようとすると、ネット上ではIPアドレスといわれる機器の識別番号によって、どこのISP（Internet Service Provider）を利用しているか、また、その機器は大まかにどの地方にあるかなど、場合によってはDNS（Domain Name System）サーバの情報から接続元の企業名や、学校の名前などが判明することもありました。しかし、書込み者が利用しているISPなどにたどり着いたとしても、一般的に個人情報の公開は認められず、法執行機関などの介入が無いと個人の特定に結びつかないという考え方が一般的でした。
　2000年代になり、インターネットが国内に普及し匿名掲示板などの利用者が増えるにしたがって、匿名性を利用した誹謗中傷などの風評被害のトラブルが増加してきた背景を受け、平成14年5月27日より「プロバイダ責任制限法」が施行されました。この法律はネット上で誹謗中傷を受けたり個人情報を公開されて個人の利権が侵害された事案が発生した際に、ISP業者や掲示板の管理者などに対して削除および発信者の情報公開を求めることができることを規定しています。ISP業者および掲示板の管理者などは削除要請に応じて、これらを削除したとしても利権者からの損害賠償の責任を免れるというものです。
　この法律にしたがって請求を行うことにより、ネット上に投稿された情

報の発信源を特定することが可能となります。

　削除要求の具体的な手続きとしては、権利を侵害された個人かその代理人が書面に実印を押し、印鑑証明をつける、もしくは電子署名をつけた電子メールで行うことになります。この場合の代理人は一般的に弁護士などが行うことが多く、代理人が行う場合には、委任状の添付も必要です。削除要求の様式は、社団法人テレコムサービス協会（http://www.telesa.or.jp/）のホームページにガイドラインがあります。

　投稿者の開示請求については、各ISP事業者に直接確認する必要があります。

　総務省令により開示請求できる情報は、以下のとおりとされています。

1　発信者その他侵害情報の送信に係る者の氏名又は名称
2　発信者その他侵害情報の送信に係る者の住所
3　発信者の電子メールアドレス
4　侵害情報に係るIPアドレス
5　前号のIPアドレスを割り当てられた電気通信設備から開示関係役務提供者の用いる特定電気通信設備に侵害情報が送信された年月日及び時刻

（平岡）

Q76 デジタル・フォレンジック調査におけるコンピュータ証拠の要件は何ですか？

A

1. 民事訴訟における証拠要件

民事上の訴訟の証拠に対する要件とは、民事訴訟法第247条にあるとおり、自由心証主義により扱われます。要するに民事裁判でいえば、提出された証拠から事実を認定するかどうかは裁判官の専権事項となります。したがって、厳密にいうと民事訴訟では刑事訴訟法とは異なり"証拠の要件"は定義されず、必要なのは"より信頼性の高い証拠"ということになります。では、コンピュータ証拠を証拠として取り上げる場合、どのようにすればより信頼性の高い証拠として認められるのでしょうか。証拠性の確保というポイントも踏まえ、以下のことが考えられます。

・信頼性の高いツールによる電磁記録媒体の保全
・専門家による保全作業、調査、報告
・電磁記録の調査作業内容の記録　　等

2. 刑事訴訟における証拠要件

一方刑事手続きは民事訴訟法とは違い、憲法や刑事訴訟法で手続きが定められています。デジタルデータは物体として形のない無形物・無体物であり、そのままでは証拠とすることが困難なため、法に則って証拠とする場合、有体物として証拠化する必要性があります。

具体的にいうと、電磁的記録自体ではなく、電磁的記録の入っている電磁的記録媒体そのものを証拠として押収する、電磁的記録を紙媒体などにプリントアウトしてその紙媒体を押収する、電磁的記録を電磁的記録媒体

にコピーをして、その電磁的記録媒体を押収する、などの方法が考えられます。

刑事手続きにおいてはこのような方法によって証拠としています。なお、電磁的記録媒体から電磁的記録の一部のみの押収や、電磁的記録媒体丸ごとの押収、電磁的記録媒体のイメージでの押収など、その時々の状況によって最適な状態での押収方法が認められている判例も存在しています。

また、これらの押収時には押収開始、終了時刻の記録や、原本とコピーの同一性の証拠化（ハッシュ値などにより証明）などが要求されます。

(平岡)

〈関連項目〉
ハッシュ値
【アラーム】
ベッコアメ事件順抗告審、浦和FD差押え事件抗告審

Q77 コンピュータ証拠保全の注意点を教えて下さい。

A

コンピュータ証拠保全を行う場合の注意点は、一般的に考えて保全対象、範囲を明確にすること、原本に対する変更を行わないこと、コピー元とコピー先との同一性を証明することが基本になります。

証拠保全を行う際にまず問題となるのは、どの媒体を保全対象とするかです。調査の内容によっては、対象となるコンピュータおよび電磁記録媒体は1つだけではありません。たとえば企業内で起きた情報漏洩事件の漏洩元の特定などの調査の場合、調査対象の機器が膨大な数になることがあります。そのような時、すべてのクライアントPCを調査する必要があるのか、それとも調査対象PCを数台に絞ることができるのか、もしくはクライアントPCの調査ではなくサーバを調査するのか、その選択によって調査にかかる時間とコストが大きく変わってきます。そのため、保全作業に入る前に事件全体を把握し、調査対象、範囲を明確にする必要があります。

実際に電磁記録媒体の保全作業を行う際は、原本に対する変更を行わないようにするため、保全対象のコンピュータの電源は絶対に入れてはいけません。電源を入れることにより、さまざまなファイルのタイムスタンプが変更されてしまい、その時点で証拠性を失ってしまいます。たとえばハードディスクの保全作業を行う場合、物理的、もしくはソフトウェア上の書込み防止装置などを利用するか、もしくはフォレンジック・ツールと呼ばれるコピーツールを使うのがよいでしょう。しかし、実際の保全作業の現場では保全対象となるコンピュータの電源がもともと入っている状態も

あります。また、サーバなどが保全対象のとき、そのサーバが業務の運用上、電源を落とせない場合もあります。RAIDシステムを利用している場合、ディスク単体のコピーを取得しても意味がない場合もあります。そのような場合は、システムを起動した状態でエージェントのソフトなどを原本の媒体にインストールし電磁的記録の一部を保全したり、USBメモリの中へツールを入れて、それを保全対象PCで利用することによって保全を行う場合があります。この場合に限ったことではありませんが、注意点はまず第一に作業の様子を細かく記録することです。記録の方法としては、ビデオカメラで録画する、写真を撮る、記録用のノートに現状を細かくメモをするなどがあります。また、これはすべてのケースにいえることでもありますが、作業上のミスを無くす為にも、作業は必ず2人以上の調査員で行い作業担当者、作業確認兼作業記録担当者と分担して行うとよいでしょう。

　とくに民事訴訟の場合は、厳密な保全手続きの規定などは存在しませんが、データを撮るカメラの選択肢として、GPS機能があり写真を撮った場所が記録され、データの改ざん防止の機能がついているカメラなどを選択するなど、利用する機器にも信頼性が高いものを選択するといった工夫も効果的だと思われます。さらに、Evidenceの取得、コピー、受け渡し、移動などの際に逐一ハッシュ値を取得し、CoC認証で証拠の継続性を保つようにしてください。

　IDF（特定非営利活動法人デジタル・フォレンジック研究会）が公開している「証拠保全ガイドライン」（http://www.digitalforensic.jp/）なども参考にしながら作業を進めるのもよいでしょう。　　　　　　　　（平岡）

〈関連項目〉
ハッシュ値、CoC認証

3．証拠と報告書

Q78 証拠書類の収集にあたっての留意点を教えてください。

A

　不正に関連する証拠書類には、さまざまなものがありますが、証拠の収集手段という切り口で分類するならば、①会社の権限で収集できるもの、②それ以外のものに大別して考えることが実務的には役立ちます。

　会社からの依頼や会社の監査として証拠書類を収集する場合は、業務執行権のあるもの（通常は社長）が、業務執行権に基づき証拠を収集する方法があります。

　前提として、証拠書類をもっている従業員から証拠書類の提出をさせるためには、従業員に調査協力義務があることが必要になります。

　この点、富士重工事件の最高裁決定（昭和52年12月13日）では「調査対象である違反行為の性質、内容、当該労働者の右違反行為見聞の機会と職務執行との関連性、より適切な調査方法の有無等諸般の事情から総合的に判断して、右調査に協力することが労務提供義務を履行するうえで必要かつ合理的であると認められないかぎり、右調査協力義務を負うことはないものと解するのが、相当である。」と判示しており、当該調査が労働者の労務提供義務の履行として要求できるような必要性と合理性が必要であるとしています。したがって、たとえば、会社の資産が奪われたなどの会社内での不正に関する調査であれば、必要性と合理性は認められる場合が多いと思われます。他方、私生活上の不正など会社の評判には関わるものの、職務と関連しない不正については、調査応諾義務はないと思われます。

　このように、従業員に調査応諾義務がある場合は、会社の所有するもの、会社が支給したものは、会社の業務執行権を理由として徴収を求めること

ができます。ただし、従業員に対して会社の所有物の提出を求めたり、あるいは当該従業員が不在の間に入手することはできるものの、一度従業員の私物のなかに紛れてしまったような場合は、その私物から取り出す行為は本人にさせるほかなく、無理矢理に鞄などを開けて奪おうとすると、これは業務執行権の範囲を逸脱した行為であり不法行為になります。最悪の場合、裁判の証拠として使えないと判断されるリスクもありますので、注意が必要です（Q80参照）。

　取引先などに存在している証拠書類、従業員の私物（手帳など）については業務執行権が及びませんので、これを理由として証拠収集を行うことはできず、あくまで任意、あるいはお願いによる協力でしかできないのが原則です。

　ただし取引先であれば、基本契約約款のなかに万が一の場合は調査への協力を誠実に行うというような協力義務を盛り込んでおいたり、従業員については就業規則のなかに関連するかぎり私物の提出も依頼できるというような規定をおいておくと、強制力はありませんが説得の際の有力な根拠になります。
　　　　　　　　　　　　　　　　　　　　　　　　　　　　（木曽）

〈関連項目〉
違法収集証拠（Q80）

Q79 証拠書類の取り扱いで気をつけなければならないことは何ですか？

A

　不正に関連する証拠書類には、さまざまなものがありますが、証拠書類の取り扱いという切り口で分類するならば、①当該証拠書類の存在そのものが証拠価値を有するもの（証拠品としての書類）、②当該証拠書類に書かれている内容が重要なもの（書証としての書類）に大別して考えることが実務的には役立ちます。

1. 証拠品としての書類

　領収書、メモ、手帳といった書類は、書かれている内容が真実であるかどうかが争点になることもありますが、他方そのような書類が存在しているという事実だけから別の事実を証明することができます。たとえば、100万円の金銭の授受があったということを証明するために、対象者が発行者となっている領収書がある場合を例にすると、現金の授受を証明するために役立っているのは、領収書を発行したという行為そのものということになります。このような、存在そのものが証拠品として価値を有する場合は、収集手続きのほか、保管状況の適正も必要になります。

　すなわち、他の者によって当該証拠書類の内容が書き換えられたとか削除されたとの弁解が出ないように、収集した当時と立証に用いる時点とで同一の証拠であることの証明が必要になります。

　具体的には、①証拠書類のコピーをとる、②証拠書類の写真を撮る（必要に応じ、すべてのページ）ことを行い、証拠としての価値が減殺されない工夫が必要です。

また、証拠書類の吟味を行う際に、原本の状態そのものを確認しなければならないようなとき（朱肉の濃さ、しわ、汚れの存在などが価値を有する場合）を除き、コピーの方を使うことが必要です。原本を不用意に汚損してしまった場合、証明に使えたはずの証拠を台無しにしてしまうことになるので細心の注意が必要です。

2. 書証としての書類

　また、上申書、供述書といった紙の存在そのものには証拠価値はなく、その書類に書かれた内容の真偽が重要なものを書証といいます。

　書証に該当する場合は、汚損して読めなくしてしまうようなことにならないかぎりは、証拠品としての書類よりは保管状態について気を遣う必要はありません。

　書証としての書類の証拠価値にとって重要なのは、どのような過程によってその書類が成り立ったかであり、ヒアリングの過程の立証とセットで証拠価値が決まります。たとえば、本当は利益供与による取引で供述を引き出したのに、その事実を秘匿していて後に発覚した場合、書かれている内容が本当のことであったとしても、供述を得る方法として適切でないと判断されてしまう場合があります。

　また、供述書は供述者が署名した瞬間、供述者の言葉になり代わります。

　したがって、書類に署名を取った後は、誤字脱字レベルの軽微なミスであっても修正は許されず、必ず供述者の確認と承諾が必要ですし、ましてや言葉の意味が変わるような修正は別の供述書を作成して行うべきです。さらには、後で差し替えたといわれないように、あらかじめ各ページに押印を得ておくということも、手法として知っておくとよいでしょう。

（木曽）

Q80

違法収集証拠とは何ですか？

A

1．違法収集証拠とは

　違法収集証拠とは、当該証拠収集の過程に違法な行為があったため、証拠としての価値に何ら変わりがないにもかかわらず、立証のための証拠として使えないという法則（違法収集証拠排除法則）が適用される証拠のことです。

　違法収集証拠排除法則については、法律上の明文はなく、刑事手続きの適正を定めたとされる憲法第31条を根拠として、判例上確立された法理です。主に、手続的適正が厳しく要求される刑事訴訟法での理論として有名ですが、民事手続きでも、違法の程度が大きい場合は証拠から排除されるとする裁判例もあります。

2．民間による違法収集証拠の影響

　警察を始めとする捜査機関が違法に収集した証拠について、違法の程度が著しい場合には裁判の証拠としては使えないという認識は、ほぼ共通しています。

　他方で、民間人が違法な手段（自宅敷地内に忍び込んでの盗撮、盗聴など）によって証拠を得た場合の証拠能力については、説が分かれます。民間人による行為が捜査機関の指示や意を汲んで行われた場合は捜査機関と同視するということについては争いがありませんが、勝手に行ってしまった場合については、やはり証拠から排除すべきという考えも有力です。

　将来に向けた違法捜査抑制という趣旨から考えれば、民間人の行為は捜

査機関の行為に影響しないはずですが、あまりに違法が大きい（上記の侵入事例など）と、裁判所が自己判断で証拠から排除することもあり得るので注意が必要です。

また民事手続きでも、刑事手続きのような証拠に対する厳しい規制はないものの、やはり人格を侵害して得たような証拠を裁判の証拠として使うことはできないと判断している例があります。

3．秘密録音の証拠価値

不正調査において違法収集証拠との関係で問題になりやすいのが、秘密録音です。ヒアリングの際に、録音していることを供述者に知らせないで行う録音をいいます。

このような、相手の同意を得ない録音行為は違法でしょうか。

結論は、原則、違法ではありませんし、そのときの供述の価値に影響することもありません。ただ、上記の裁判所の考え方を前提にすると、人格権を侵害するような態様での秘密録音は、証拠価値が否定されると思います。たとえば、相手を酒に酔わせて前後不覚の状態にしたうえでの供述を録音した場合や、敷地に侵入して盗聴した場合などです。

よって、このような余程ひどい手法を使わないかぎりは、秘密録音の結果が違法収集証拠として、証拠能力が否定されることはありません。

（木曽）

〈関連項目〉
事情聴取の会話録音（Q70）

Q81 調査報告書を作成するにあたって、留意すべき点は何ですか？

A

1. 調査報告書の位置づけ

　調査報告書は調査活動の総括であり、依頼人に対し、その判断を支えるための重要な根拠となるものです。よって、調査報告書にとって最も重要なことは、誤ったことを記載しないことに尽きます。内容の正確性を十分に保つことを前提に、読みやすさや説得的な記載方法を心がけることで、調査報告書の質も向上します。

2. 事実認定

　調査報告書の正確性は、事実認定部分がとくに重要です。事実認定とは、証拠によって導かれる過去の事実のことです。証拠には、事実を直接に導く直接証拠、事実を間接的に推認させる間接証拠に分類できます。

　直接証拠の例としては、100万円の授受を証明するときの100万円と記載された領収書の存在がこれにあたります。間接証拠の例としては、100万円の授受を証明するときの銀行預金の100万円の現金入金履歴がこれにあたります（100万円の現金入金があったというだけでは、そのお金の出所がどこかまでは特定できないため、上記領収書に比べて証明力が劣ります）。

　調査報告書に書く事実認定は、証拠によって裏づけられていることは当然ですが、間接証拠に過ぎないのに、あたかも直接証拠であるかのような取り扱いをして断定的な事実認定を行うことは、誤った記載につながります。また、間接証拠の種類は広いので、事実認定にとって積極的に働く証拠も消極的に働くものもありますので、依頼人に都合のいい証拠だけをつ

まみ食いしたような証拠の取り上げをして事実認定を行うことは、なお誤った事実認定を導くことになります。

3. 評価・意見

　事実認定と混同してはいけないのは、事実認定に基づく評価と意見です。それらを事実と峻別する必要があります。われわれ法律家の書く書面は、このような峻別をすることについて職業的訓練を受けていますが、法律家以外の方が報告書を書く際には、この点について細心の注意を払い、できれば複数人でチェックをするくらいの慎重な態度が必要です。理想をいえば、なるべく、調査報告書には、評価や意見を記載しないことです。経験上、筆がすべりがちになる部分ですので、後に触れる損害賠償請求の根拠とされやすい部分です。

4. 損害賠償請求

　事実認定に誤りがあったり、不当な意見や評価を記載した調査報告書に基づいて、依頼人が第三者に対してなんらかの行動に出た場合（従業員に対する懲戒処分、刑事告訴など）に、不利益を被った相手方から依頼人が損害賠償請求を受けることがありますが、その被告の1人として、いい加減な調査報告書を作成した者も訴えられるリスクがあります。

　いまだ、調査委員会自身が賠償請求された例は見当たりませんが、おそらく重要な案件については弁護士が担当していることが訴訟に発展しないことの理由の1つだと思われ、今後、とくに弁護士以外の者が調査に関わった場合に、その調査活動に対し不法行為であるとの主張がなされる可能性はありますので、十分注意が必要です。

（木曽）

Ⅳ章
不正防止のポイント（まとめ）

1．不正の発見と対策

Q82 不正実行者に多くみられる性格や生活環境などについて教えて下さい。

A

　最初に認識しなければならないのは「人間であれば、誰でも不正を犯し得る」ということです。ACFEが定期的に実施している職業上の不正に関する動向調査（Report to the Nations on Occupational Fraud and Abuse）でも、不正を犯す者の大半は初犯であるとの結果が出ており、「普通の人」が何らかの要因により「不正実行者」になってしまうことが多いのです。したがって、組織の経営者や管理者は「当社の従業員（私の部下）に限って不正を犯すような者はいない」と安易に決めつけてはいけません。どのような人間も、一定の状況下においては不正を犯す可能性があることを前提に、組織内にそのような状況が生じぬよう最大限配慮しなければなりません。

　では、どのような状況において、人が不正を犯す可能性は高まるのでしょうか。不正の発生要因については、米国の犯罪学者クレッシー（Q1参照）が提唱した不正のトライアングルの仮説が有名です。それによれば、「金銭面でのプレッシャーや処遇に関する不満の抱え込み」「周囲に見つからずに（秘密裏に）不正を犯せる機会の認識」「不正を正当化する理由づけ」という3つの心理的要因が、ある人物に同時に生じた場合に、その者が横領等の不正を犯すリスクが高まるといわれています。

　心理的要因は個人差が大きく、「このような状況では必ず不正が起きる」という普遍的な法則を見いだすことは不可能といわざるを得ません。しかし、上記の3つの要因に着目することで、不正実行者にみられる性格や生活環境をある程度浮き彫りにすることができるといえるでしょう。

　クレッシーの仮説に基づけば、不正を犯しその隠ぺいを図ろうという者

の心の中には、それらの3つの要因が生じていることになるわけであり、「不正のトライアングルを形成しやすい性格特性は何か」「3つの要因が生じやすい生活環境、職場環境はどのようなものか」という問いに答えることができれば、不正を犯しやすい者の性格や生活環境について、それなりの傾向を見いだすことができるかもしれません。

「不正のトライアングルを形成しやすい性格」とは、「プレッシャーや不満を抱え込みやすく」「見つからずに不正を犯せる機会を目ざとく認識し」「自分の行為を正当化しやすい」性格と言い換えることができるでしょう。それぞれ、以下のような性格特性が該当し得るのではないでしょうか。

① **プレッシャーや不満を抱え込みやすい性格**
- プレッシャーを感じやすい。ストレス耐性が低い。
- 現状への不満を感じやすい。問題の原因を自分以外に求めがち。
- プライドが高い、世間体を気にするなどにより、自分が感じたプレッシャーや不満について、他人に打ち明けたり助けを求めたりすることに抵抗感をおぼえやすい。

② **見つからずに不正を犯せる機会を目ざとく認識しやすい性格**
- 観察力が鋭く、慎重かつ几帳面である。
- 問題を指摘する能力に長けている。
- 「しっかりしている」「任せて安心」と周囲から信頼されやすい。
- 人の目を盗むことにスリルを感じる。

③ **自分の行為を正当化しやすい性格**
- 自分勝手な言動が目立つ。相手に対する配慮が足りない。
- 人のせいにしやすい。責任を転嫁しやすい。
- 簡単にうそをついてその場を取り繕う。
- 抜け目ない。

「3つの要因が生じやすい生活環境、職場環境」については、次のQ83に掲示する「不正が発覚する前の兆候」を参照してください。 　　　（甘粕）

Q83 不正が発覚する前の兆候はありますか？

A

　Q82と同様、これも不正のトライアングルを構成する3つの要因に基づいて考察できます。つまり、以下に示す3種類の兆候がみられる状況では、役職員に不正のトライアングルが形成されやすく、不正行為が発生する可能性が高いと考えられ、リスク管理上は十分に注意する必要があります。

①不正を誘発するプレッシャーや不満が役職員に生じやすい兆候
- ・収支が悪化する状況に直面している（借金が増加する、急な出費がかさむ、収入が急減するなど）
- ・ギャンブルやハイリスクな投資に熱中している
- ・分不相応な生活を続けている（収入に見合わないブランド品、高級車・マンションの購入、高級レストラン等での頻繁な飲食、海外旅行）
- ・家庭問題（家族の大病、親の失業、配偶者との離婚による養育費支払）
- ・組織から達成困難な業務目標を課され、プレッシャーを感じている
- ・仕事面の処遇に納得しておらず、上司や組織への不満を抱いている

②不正を犯せる機会を従業員が認識しやすい状況に関する兆候
- ・経験等が長く、担当業務に精通し事務処理プロセスを熟知している
- ・業務の専門性が高く、担当者以外の役職員は業務内容がわからない
- ・業務に関する権限が、特定の役職員に集中している
- ・職務分離や相互牽制機能を含む内部統制の未整備により、業務処理を1人で担っている
- ・勤怠管理や行動管理がずさんで業務上のミスやルール違反が放置されやすい

- 特定の取引先から絶大な信頼を得ていて、関係が非常に親密である

③従業員が不正行為を正当化してしまいやすい状況に関する兆候
- 収益目標達成などに関して、経営トップや上司に倫理やコンプライアンスを軽視する言動が目立つ
- 担当者自身にルールを軽視するような言動が目立つ
- 小さなうそをついたり、取り繕ったりする言動が目立つ
- 自分の処遇に対する不満や上司・会社批判の言動が目立つ
- 責任逃れ、他者への責任転嫁の言動が目立つ

さらに、不正は一度実行されると発覚を逃れるために隠ぺいし続けられるという特性があるため、隠ぺい工作を続ける過程で生じる心理的ストレス等によって、以下のような行動面における兆候が表れる可能性があります。

- 自分の仕事の内容を他人にみられるのを嫌がるようになる。
- 現金残高精査などの点検業務や担当外の業務を積極的に買って出る。
- 早朝出勤、残業、休日出勤などが目立つようになる（周囲の目を気にせずに隠ぺい工作ができる時間を必要とするため）。
- 長期休暇を取得しない。休暇中も理由をつけて出勤する。
- 昇進や転勤を拒む（担当業務を離れることで、不正発覚をおそれるため）。
- 上長による定期点検や内部監査の実施時期を異常に気にする。
- 感情的になりやすくなる。急に寡黙になる。同僚との交流を避けるようになる（不正隠ぺいのプレッシャーにより生じる言動面の変化）。

もちろん、これらの兆候がみられたからといって、必ずしも不正が発生しているとは限りません。部下の管理や内部監査を実施する際には、日頃のコミュニケーションや面接での相手の反応、動態観察などを通じて上記のような兆候への感度を高め、兆候を察知したら不正が発生していないかどうかを注意深く検証する必要があります。　　　　　　　　　（甘粕）

Q84 不正や不祥事を早期に発見するためにはどのような手段が有効ですか?

A

1. 主な不正発見の手段

　ACFEは、2年ごとに実施している職業上の不正の動向調査の報告書「職業上の不正と濫用に関する国民への報告」(Report to the Nations on Occupational Fraud and Abuse)において、調査対象となった不正がどのような経緯で発見されたかを毎回公表していますが、その結果には顕著な傾向がみられます。それは、全体の半数近くが「通報(tips)」により発覚しているということです。たとえば、2010年に公表された結果は以下のようになっています。

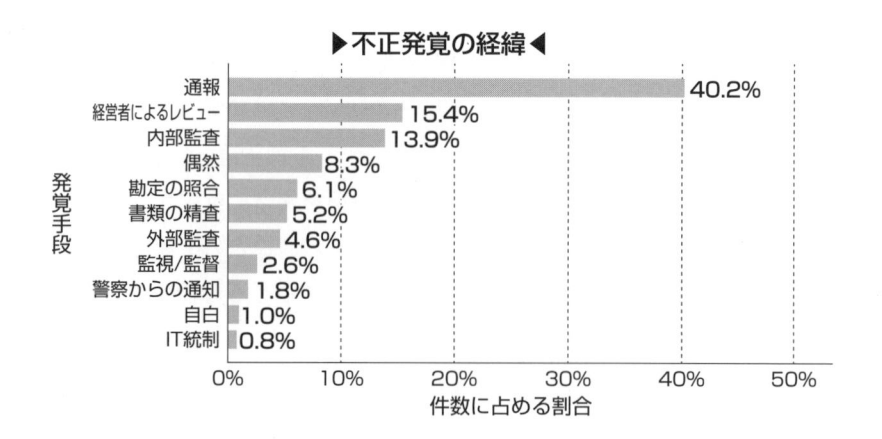

▶不正発覚の経緯◀

発覚手段 / 件数に占める割合

- 通報　40.2%
- 経営者によるレビュー　15.4%
- 内部監査　13.9%
- 偶然　8.3%
- 勘定の照合　6.1%
- 書類の精査　5.2%
- 外部監査　4.6%
- 監視/監督　2.6%
- 警察からの通知　1.8%
- 自白　1.0%
- IT統制　0.8%

　したがって、通報者が安心して利用できる内部通報制度を整備することは、不正を早期に発見し適切な是正措置を講じるうえで不可欠だといえるでしょう。

2.日本における内部通報制度の整備状況

では、日本の組織における内部通報制度の整備状況はどうでしょうか。消費者庁が昨年実施した調査によれば、アンケートに回答した5,642社の46.2％が何らかの制度を導入済みであり、従業員1,000人以上の企業に限定すると、その割合は9割を超えています（消費者庁「平成22年度民間事業者における通報処理制度の実態調査報告書」）。

ただし、内部通報制度を（形式上）備えているということと、それが適切に機能しているというのとは別問題です。たとえば、前述のアンケート結果では、通報が年間1件もないという組織が全体の44.4％に上ります。従業員3,000人超の企業ではその割合は8.7％と大きく減少していますが、いずれにしても、年間の通報がゼロというのは、問題がまったく生じていないという好ましい傾向ではなく、通報制度の信頼性に問題があり、従業員が利用を躊躇しているからではないかと考えるべきでしょう。

従業員はなぜ通報制度の利用を躊躇してしまうのでしょうか。同じく消費者庁による「平成22年度公益通報者保護法に関する労働者向けインターネット調査報告書」では、不正等の問題に気づいた場合に勤務先へ通報しない主な理由として、「労務提供先から解雇等の不利益扱いを受けるおそれがある」「通報しても十分に対応してくれないと思う（過去に通報したが、十分に対応してくれなかった）」「自分が通報したことが職場に知られ、いやがらせを受けるおそれがある」などがあげられています。これは、利用者の視点から内部通報制度の課題を把握し、自社の通報制度を見直すうえで有益な情報といえます。各組織において従業員への意識調査等を定期的に実施し、従業員が内部通報制度をどのように捉えているか、上記のような不信感や不安感を抱いていないかを検証して、経営者が継続的に改善を図ることが求められます。

3.内部通報制度の実効性を高めるための留意点

次に、内部通報制度の実効性を高めるための留意点を以下に列挙します。

- 経営者が「不正は一切容認しない」「全役職員は、問題を見過ごさずに正す責任がある」「経営陣は誠実な内部通報を奨励し、通報者の保護を徹底する」旨を明確に宣言し、自らが率先垂範、言行一致を徹底する。
- 内部通報対応業務（受付、事実確認、処分の決定等）の分掌を明確化し、取扱規程を定める。
- あらゆる機会を捉えて、通報制度の趣旨、具体的な利用方法、通報者保護方針などを全従業員に周知する。
- 通報者の利便性向上のため、社外窓口の設置、匿名通報の受付を積極的に検討する。
- 通報を受け付ける対象を、従業員だけでなく、取引先や株主、退職者などに広げることを検討する（ACFEによる2010年版動向調査では、従業員以外からの通報が約半数に上る）。
- 通報受付、事実確認調査に携わる者のスキルアップを継続的に図る。
- 通報の受付件数、調査の実施件数等を定期的に社内外に公表するとともに、差し支えない範囲で通報対応事例を共有して、実際に利用されていること、適切な対応がなされていることを周知する。
- 従業員意識調査を定期的に実施し、内部通報制度に対する信頼感を検証して継続的な改善を図る。

4. 不正発見に効果的なその他の手法

　もちろん、不正発見の有効な手段は内部通報だけではありません。上記の表をみると、内部統制（ダブルチェック、職務分離等）、内部監査なども不正発見の手段として重要な役割を果たしていることがわかります。抜き打ちのチェックや監査を効果的に実施することは、不正抑止あるいは早期発見するうえでとくに有効だといわれています。

　最近では、膨大な経理・財務データの全件監査を可能にするソフトウェアの利用も監査法人や内部監査部門に普及してきています。そのようなソフトウェアに不正取引のシナリオをインプットして、シナリオに合致した

取引を瞬時に抽出すれば、不正の有無をより徹底的に精査することが可能となります。

　いずれにしても、最終的には、内部監査、通報受付、不正調査の担当者の能力向上が重要な鍵を握ります。定期的な教育訓練により、担当者の不正リスクへの感度、通報者や被監査部門とのコミュニケーション能力などを高める努力を怠ってはなりません。また、経営者がこれらの業務の価値を正しく認識し、担当者を適切に評価・処遇することも必要です。

（甘粕）

Q85 内部通報・内部告発とは何ですか？

1．内部通報

　内部通報とは、一般的に組織内部の人間が、組織内部で発生したコンプライアンス違反行為や倫理上問題があると思われる行為に関する情報を、組織自身によって設けられた「通報窓口」や上司などの職制ラインを通じて通報することをいいます。

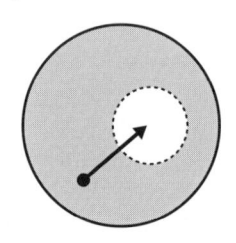

　昨今、上場企業を中心に内部通報の有効性に対する認識が高まり、各社がその取り組みに工夫を凝らしています。

　内部通報窓口の利用対象者を従業員、役員のみならず、パート・アルバイト、派遣社員は勿論、その家族や退職者、取引先にまで広げる企業が多くなってきています。

　また、役員や管理職など通常の職制ラインを通じた情報の提供も内部通報として認識しなければなりません。部下をもつ人は、必ずしも「通報窓口」の利用だけが、内部通報でないことに注意をする必要があります。もしあなたが、部下から通報を受けた際に対応を怠ると、「あなたが通報を握りつぶした」と問題になる可能性があります。また、通報窓口を利用しやすくするために、専門会社や弁護士事務所などに社外窓口を設ける場合

も増えていますが、これらの利用も「内部通報」として扱われます。

一度、所属する組織の内部通報制度について確認してみることをお勧めします。

2．内部告発

一方、内部告発とは、組織のなかで違反行為や問題行為が行われている事実を、組織内部の人間が監督官庁やマスコミなど外部に対して情報提供し、告発することをいいます。

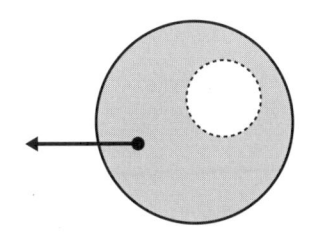

企業不祥事などの発覚の経緯としては、内部告発によるものが増えてきています。2006年4月には、公益通報者保護法が施行され、一定の条件下においては、内部告発は決して悪いことではないという認識が広まりつつあります。また、内部告発は連鎖をするという特徴もあります。企業のリスクマネジメントの観点からは、従業員にとって内部告発よりも内部通報を選択しやすい制度や風土作りが課題といえそうです。　　(脇山)

〈関連項目〉
内部通報制度（Q86）、公益通報者保護法（Q43）

Q86 内部通報制度の不正リスク対策としての有効性とはどのようなものですか？

A

　不祥事が起きた際に公表される、第三者調査委員会の調査報告書には、必ずといっていいほど、発見が遅れた理由として「通報制度が機能していなかった」と記載され、再発防止策として「有効な内部通報制度」と書かれています。内部通報制度の有効性とは、一体どのようなものでしょうか？

　ACFEの報告書「2010年版職業上の不正と濫用に関する国民への報告」(2010 Report to the Nations on Occupational Fraud and Abuse)によると、不正発覚の経緯として「通報」が全体の40.2％と他の発覚経緯と比べて格段に高い結果となっています（Q84「不正発覚の経緯」の図を参照）。このデータからは、「内部通報制度」は不正の早期発見において非常に有効な手段といえそうです。

　この調査結果を受け、同報告書は次のように提言しています。

　「通報制度は不正防止と摘発を速やかに行ううえで最重要な要素である。組織は内外双方から通報を受けるために内部通報制度を導入すべきである。通報の際には匿名性と機密性の保持、従業員が報復を恐れることなく不審な行動を通報できるよう促すべきである」（5頁「結論と提言」より）

　この提言が示すように、内部通報制度は「不正防止・抑止」と「早期発見」の双方に有効です。内部通報制度が機能している組織では、違反行為などの情報をいち早く収集できるだけでなく、「悪いことをしても発覚してしまう」という認識が違反行為自体に対する抑止力として働くことが期

待できるからです。

　しかしながら、内部通報制度は窓口を設置したり、規程を定めるだけでは機能しません。いざというときに、利用しやすい制度や企業風土になっているかを継続的に見直すことが必要です。

　利用しやすい通報制度に向けて、トップの強いコミットメントは欠かせません。また、匿名の通報を受け付ける仕組みと社外窓口の設置は大変有効です。しかし、最も重要なことは、通報制度の信頼性を高めることです。そのためには、1件1件の通報に対して「感謝」と「誠実さ」をもって対応する日々の運用努力が大切です。「とりあえず」の通報窓口の設置は、利用されないばかりか、従業員に対して失望感を与え、外部への内部告発のリスクを高めてしまいます。　　　　　　　　　　　　　　　（脇山）

〈関連項目〉
公益通報者保護法（Q43）、内部通報、内部告発（Q84、Q85）

Q87 不正リスク対策の5つのステップについて教えて下さい。

A

「不正リスク対策の5つのステップ」とは、内部監査人協会、米国公認会計士協会、ACFEが支援団体となり、約20人の不正対策専門家によるプロジェクトチームが策定した『企業不正リスク管理のための実務ガイド※（Managing the Business Risk of Fraud: A Practical Guide）』（以下『実務ガイド』）における5原則です。

『実務ガイド』の要旨には、5つの原則が以下のとおり概説されています。

原則1：不正リスクのガバナンス

組織のガバナンスの構成要素として、不正リスク管理プログラムを整備しなければならない。同プログラムには、不正リスク管理に関する取締役会と経営幹部の期待を伝達するための明文化された方針が含まれる。

原則2：不正リスクの評価

低減すべき特定のスキームや事象の発生リスクを識別すべく、組織は不正リスクへのエクスポージャーを定期的に評価しなければならない。

原則3：不正の防止

組織が被る影響を緩和するために、実現可能な範囲で、重要な不正リスク事象の顕在化を回避するための防止手法を確立しなければならない。

原則4：不正の発見

防止策が機能しないか、または、緩和されていないリスクが顕在化する際に、不正事象を発見するための技法を確立しなければならない。

原則5：不正の調査および是正措置

起こり得る不正への適時かつ適切な対応を確実にするために、不正の可

能性に関する情報提供を求めるための報告プロセスを整備し、調査ならびに是正措置を実施するための協調的なアプローチを用いなければならない。

　原則1の不正リスクのガバナンスは、不正リスク管理のフレームワークの基盤であり、内部統制の枠組みでいえば統制環境にあたるでしょう。実務ガイドでは「不正リスク管理プログラム」という形でガバナンスの構成要素を可視化しており、その要素としては以下の10項目があげられます。

　①不正リスク管理への取り組み姿勢の明示
　②不正に対する認識の向上
　③不正リスク管理に関する方針の確認プロセス
　④利益相反の開示の徹底と対応方針の明確化
　⑤不正リスクの定期的な評価
　⑥不正疑惑の通報手続の明確化と通報者保護の徹底
　⑦不正疑惑の調査プロセスの確立
　⑧是正措置（懲罰、再発防止）に関する方針および手続の明確化
　⑨プログラムの有効性の評価と改善（品質保証）
　⑩プログラム実施状況の継続的モニタリング

　原則2の不正リスクの評価は、組織あるいは個別の業務プロセスにおいて発生し得る不正の可能性を徹底的に洗い出すことから始まります。そのためには、不正リスクへの見識を備えた人材を部門横断的に集めた検討チームによるブレインストーミング等を通じて、内部統制手続（ダブルチェックや職務分離等）が存在しない状況で起こり得る事態をできるかぎり想定する、いわゆる「固有リスク」ベースでの検討が不可欠であるとされています。固有リスクを洗い出したら、各リスクが既存の内部統制手続によりどの程度有効に低減されているかを加味し、最終的に低減されていないリスク、すなわち「残余リスク」を絞り込んで管理強化のための対策を講じていきます。この取り組みを定期的に繰り返すことにより、費用対効果

を見据えて残余リスクを可能なかぎりゼロに近づけていきます。

　原則3および4は、不正リスクの評価を踏まえた未然防止と早期発見のための対応と位置づけられます。理想は100％未然防止できる徹底した内部統制強化ですが、不正リスクを漏れなく想定することには限界がありますし、洗い出したリスクへの防止策を完璧に施すには、費用対効果の問題や業務の効率性とのトレードオフの問題も生じてしまいます。そこで、原則3による防止への取り組みは「適度に」実施する必要があります。同時に、想定外のリスクが顕在化したり、施した防止策が有効に機能しないことによって顕在化する不正リスクの兆候を早期に発見する取り組みを、車の両輪として整備することにより、総体的な抑止力を高めることが必要です。

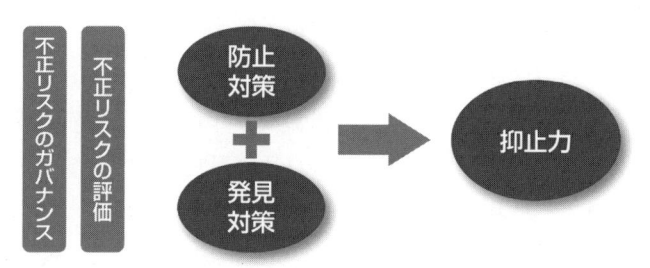

（図：不正リスクのガバナンス・不正リスクの評価＋防止対策・発見対策→抑止力）

　なお、『実務ガイド』では、防止にかかる取り組みは社外のステークホルダーも含めてできるだけ詳細に周知する一方で、発見に係る取り組みについては、「いつ、誰が、何を、どのようにしてチェックするのか」の詳細をあえて開示せず「手の内を伏せる」ことで抑止力を高めることができるとしています。

　原則5は、危機管理に該当する部分です。内部通報や内部監査などにより不正の疑惑が浮上した際に、情報管理や通報者の保護などを徹底しつつ事実究明を進め、厳正な措置を講じるというのは非常に慎重な対応が求められるプロセスです。不正調査の主管部門を明確に定め、関連各部との連

携体制を構築するとともに、内部通報や内部調査に関する規程を定めてその運用を徹底することが必要です。また、内部通報の受付担当者、内部監査や不正調査の担当者に対しては、不正リスクに対する認識向上、不正の兆候への感度向上、通報者とのコミュニケーションや不正調査のスキルなどについての教育を充実させなければなりません。

『実務ガイド』は、その結論において「組織にとって『不正』はできれば扱いたくないテーマであるが、現実には、ほとんどの組織が何らかの不正事件を経験する。留意すべき重要な点は、不正への対応を建設的かつ前向きに行うことで、組織を業界内でリーダーシップを発揮できる存在に高めることができるという点である。」と強調しています。企業が新製品の研究開発やマーケティングに注力して競争力や収益力の増強を図ったとしても、一度粉飾決算や横領等の不正が起こってしまえば、企業は金銭的な損失を被るのはもちろん、社会からの信頼を失って、その存続すら危ぶまれるかもしれません。不正リスクへの積極的な取り組みは、損失を未然に防ぎ、ステークホルダーからの信頼を向上させることにより、企業の持続的な発展の基盤を強化するのです。経営者のリーダーシップの下での全員参加による積極的な取り組みが求められます。　　　　　　　　　　（甘粕）

※『実務ガイド』は、組織の不正リスク管理のフレームワークとして浸透しつつあります。日本では、八田進二教授を委員長として、日本公認会計士協会、㈳日本内部監査協会、日本公認不正検査士協会の支持のもと、3協会所属のメンバーから成る「不正リスク管理実務ガイド検討委員会」が組成され、実務ガイドが日本の企業社会にどのような示唆を与え得るかについての考察と実務ガイドの翻訳を収録した『企業不正防止対策ガイド』（日本公認会計士協会出版局）が2009年に発刊されています。

Q88 不正が発覚した場合の適切な対応を教えて下さい。

A

不正（の疑い）が発覚した場合には、情報をできるかぎり入手し、入手情報をもとに仮説の構築と検証プロセスにより事実関係を究明して、調査結果に基づいて関与者の処分、監督官庁や警察への届出、再発防止策の検討・実施などの是正措置を適切に講じることが必要です。また、同様の不正が組織内の他部署で発生していないかを徹底的に調べることも重要です。

組織として、不正発覚後の対応力を高めるためには「企業不正リスクのための実務ガイド（以下、「実務ガイド」）」が示す原則5「調査ならびに是正措置」の項目が参考になります。

実務ガイドは「取締役会は、不正行為の可能性を含む申立てに対して、迅速かつ的確で機密保持に留意した、検証、調査、解決を図れるシステムを構築しなくてはならない。」としたうえで、調査・対応システムに組み込むべきプロセスと各プロセスにおける留意点を示しています。以下にその概要を解説します。取締役会は、社内規程（内部通報対応規程など）を整備し、迅速・的確な対応が可能な体制を築いておく必要があります。

①申立て（通報）内容の評価

内部通報等により不正の疑いが申し立てられた場合には、あらかじめ定めたルールにより、疑惑に係る情報を必要最低限の担当者間で共有しつつ、「申立て内容の論点整理」をしたうえで、「申立ての正当性の確認」および「申立ての深刻さの明確化」を行います。

正当性の確認とは、申立て内容に事実の誤認がないか、意図的に不実の

申立てがなされていないかどうかなどを検討するプロセスを指します。不正調査に着手するためには、専門的な見地からみて、不正が発生している可能性が高いと信じ得る状況が存在していなければなりません。深刻さの明確化とは、不正疑惑が事実だとした場合に、組織およびステークホルダーにどの程度の影響が及ぶかを想定するプロセスです。申立てが事実である可能性とその場合の影響度から評価します。評価にあたっては、不正疑惑の内容に応じて、機密保持に十分留意しながら、社内の関連部署や外部の専門家への相談も検討する必要があるでしょう。

②調査計画の立案

実務ガイドは、調査計画の立案に際して、以下を考慮するとしています。

・達成目標：何を明らかにするのかを具体的に見据え、調査の焦点、範囲、時期などに反映させる。また、社内の懲戒処分で済ませるのか、刑事告訴の可能性も念頭におくのかにより、調査の進め方、警察への相談のタイミングなどが異なる点にも留意する。

・時間的制約の有無：法的要件の充足、損失回避、保険金請求期限などの観点から、いつまでに事実関係を確認する必要があるかを考慮する。

・通知・報告の必要性：監督官庁、警察、保険会社、監査法人などへの報告は必要かどうかを考慮する。

・機密保持：調査過程で収集する機密情報が漏えいしないように細心の注意を払う。情報は真に必要とする者に限定して配信・共有する。

・コンプライアンス：調査手続き（書類の入手、データの収集、面接の実施など）は、合法的かつ倫理的に進めなければならない。

・証拠の保全：裁判等での証拠性を失わないよう、適切な方法で証拠を収集・保全しなければならない。（面接での証言の強要、デジタルデータの不用意な取り扱いなどにとくに注意が必要である）

・客観性：調査の客観性を確保するために、調査対象事項の関係者は調査チームから外す必要がある。また、経営上層部の関与が疑われる場合や社会的影響が大きいと考えられる場合などには、会社と利害関係

のない外部の専門家（弁護士、公認会計士など）で構成されるいわゆる第三者委員会に調査を依頼することも検討する（第三者委員会のあり方については、2010年7月15日付で日本弁護士連合会が公表した「企業等不祥事における第三者委員会ガイドライン」が参考になる）。

③調査の実施

　不正疑惑の内容により、部門横断的に社内調査チームを組成します。チームリーダーには、不正調査の対象者より少なくとも1階層上の職位の者を任命します。経営トップの関与が疑われる事案では、取締役会が特別調査委員会を設置するか、上述の第三者委員会に調査を依頼します。

　調査チームを組成したら、各自の役割分担を明確にし、調査計画に沿って慎重に調査を進めます。事案管理システム（ソフトウェア）を活用するなどしてチーム内の情報管理を適切に行い、随時、進捗状況や想定外の事態の有無等を共有しながら、必要により計画を修正します。

　調査は、仮説の構築と検証のプロセスです。まず、申立ての内容をベースに調査チームメンバー間のブレインストーミングを実施するなどして、起こり得る事態についてあらゆる角度から仮説を立てます。そのうえで、書類、データ、証言などから収集する証拠により仮説を検証し、必要によっては修正しながら調査を進めていきます。

　調査において注意すべきことは、疑惑を否定する証拠が収集されること、あるいは疑惑を肯定する証拠が発見されないことも調査の重要な成果であるということです。「必ず犯人を突き止める」という考えにとらわれると、証言や自白の強要や違法な手段による証拠収集、最悪の場合は証拠の捏造などの事態に至るおそれがありますので、十分注意しましょう。

④調査結果の報告

　調査結果は、所定の形式により文書で取締役会等に報告します。報告書には、証拠により確認できた事実のみを客観的に記載し、個人的な見解や憶測は記載しないよう注意が必要です。また、CFEの職業倫理規程には「個人や団体の罪状については、一切意見を述べてはならない」と明記されて

います。その意味は、罪状を決めるのはあくまで司法の役割であり、調査担当者にはその権限はないということです。たとえば調査の結果、容疑者が「会社の預金を着服しました」と自白したとしても、それをもって、報告書に「容疑者は横領罪で有罪とすべきである」と書いてはならず、「自白した」という事実のみを記すようにします。

⑤是正措置

　実務ガイドは「いかなる措置も、そのときの状況に適したものでなければならず、経営上層部を含めたあらゆる役職員に一貫して適用され、意思決定の責任者に事前に相談をしたうえで講じなければならない。」としたうえで、取り得る是正措置として以下の項目を列挙しています。

- 法執行機関への通報（および刑事告訴）
- 民事訴訟による損害賠償請求
- 懲戒処分
- 損失に対する保険金の請求
- 調査の延長（実行者による他の不正、他部署での同様の不正の発生等）
- 再発防止策としての業務プロセスの改善、内部統制システムの強化

⑥調査プロセスの有効性の評価と改善

　不正疑惑が発覚した際の対応力を向上させるためには、実施した調査の有効性を以下の観点から評価し、継続的な改善を図る必要があります。

- 問題解決に要した時間（日数）：調査の所要時間は、内容の複雑さ、範囲の広さにより異なるので、早ければいいというものではない。調査担当者にあらぬ時間のプレッシャーを与えないよう注意する。
- 同種事案の再発状況：同様の不正の再発は、是正措置が有効に講じられていないことの証左として重大視しなければならない。
- 損失の回復額および将来的な損失の防止額：是正措置の効果を金額換算する。将来的な損失の防止額は算出が難しいが、過去の事案に要した費用から試算できる。

(甘粕)

Q89 企業倫理と不正対策との関係について教えて下さい。

A

　不正対策の要点は、米国の犯罪学者クレッシーによる「不正のトライアングル」の仮説に基づいて整理することができます。すなわち、不正を抑止するためには、①不正の誘因となるプレッシャーや不満が過度に高まらないようにする、②見つからずに不正を犯せる機会を認識させない、③不正行為を正当化させない、という3つの観点からの取り組みを強化し、役職員が主観的に「不正のトライアングル」を完成させないようにすることが必要となります。

　企業倫理（正確には企業倫理の向上を通じた役職員1人ひとりの倫理観の向上）への取り組みは、とくに、不正行為を正当化させないために重要だといえるでしょう。具体的には、以下の2つの観点から企業倫理と不正対策の関係を説明することができると考えられます。

1. 役職員1人ひとりが自己規律力を高め、不正を正当化しない健全な姿勢を養う

　倫理とは、「人として守り行うべき道。善悪・正邪の判断において普遍的な規準となるもの（デジタル大辞泉）」と定義されています。つまり、最低限法令による明文化されたルールを遵守しつつ、法令のグレーゾーンや社会常識にかかわる問題に直面したときに、相手（ステークホルダー）のニーズも最大限考慮しながら、人としてどう行動するのが「正しい」ことなのかを適切に判断することが倫理的な行動といえるわけです。したがって、企業において倫理教育を徹底し、組織・個人のレベルにおいて倫理

観を高めることができれば、役職員が強いプレッシャーや不満を感じ、見つからずに不正を犯す機会を認識したとしても、不正を正当化することなく、プレッシャーや不満、機会の誘惑に負けて道を誤る事態を回避できる可能性が高まります。

2．他者による不正を見過ごさずに正すことのできる健全な組織風土を醸成する

　倫理観の向上が不正対策に役立つもう１つの側面は、組織内に「いかなる理由があれ不正な行為は一切許されない」「誠実な行動こそが最も高く評価される」という考え方が浸透し、誠実な行動へのインセンティブを高めるとともに、不適切な行為に気づいた者がそれを見過ごすことなく、問題を指摘し正していく風土が醸成されるというものです。ACFEが２年ごとに実施している職業上の不正に関する動向調査では、不正発覚のきっかけとして最も多いのは、毎回「通報」となっています。たとえば、2010年に公表された最新版では、調査対象となった1,843件の不正のうち、40.2％が通報により発覚したという結果が出ています。

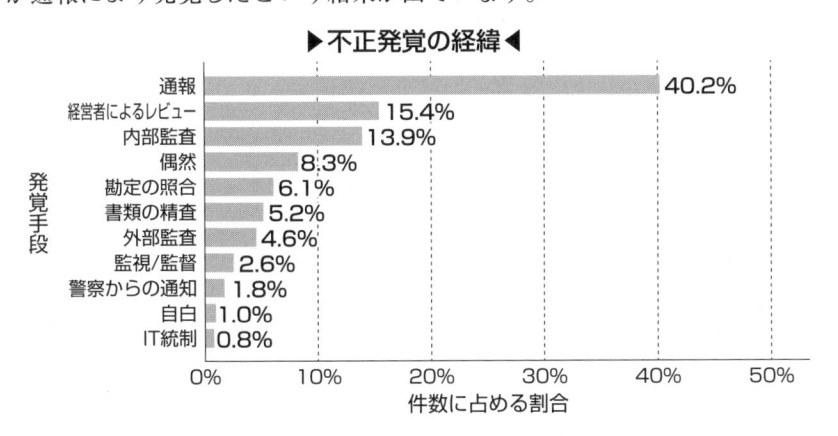

▶不正発覚の経緯◀

発覚手段
- 通報　40.2％
- 経営者によるレビュー　15.4％
- 内部監査　13.9％
- 偶然　8.3％
- 勘定の照合　6.1％
- 書類の精査　5.2％
- 外部監査　4.6％
- 監視/監督　2.6％
- 警察からの通知　1.8％
- 自白　1.0％
- IT統制　0.8％

件数に占める割合

また、通報者の割合についても下図のような結果が出ています。約半数（49.2％）は従業員による通報であり、企業倫理の向上により健全な組織風土を醸成することで、不正を見逃さないという意識を高めると同時に、報復等を懸念することなく安心して通報ができる環境を整えることができ、不正発見のための対策を大幅に強化することができます。

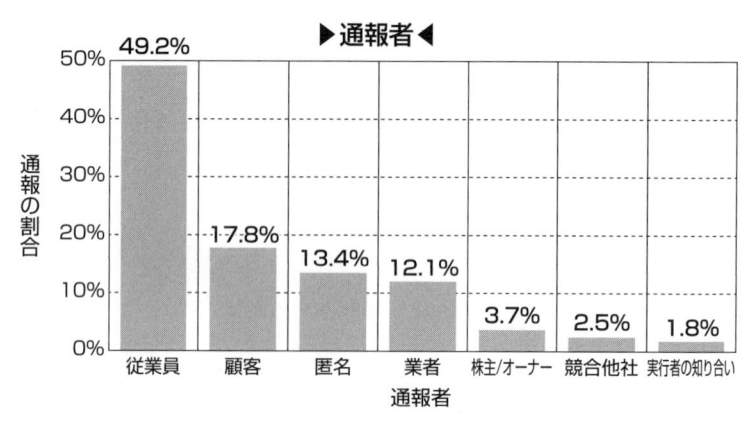

▶通報者◀

通報者	割合
従業員	49.2%
顧客	17.8%
匿名	13.4%
業者	12.1%
株主/オーナー	3.7%
競合他社	2.5%
実行者の知り合い	1.8%

3．組織全体における倫理観をレベルアップさせる

職業上の不正に関する研究の第一人者であるアルブレヒト氏（Q2参照）は、2007年のACFE年次総会における講演において、組織構成員の倫理観には次の4つのレベルがあると指摘しました。

レベル1．組織で働く者としてもつべき倫理観を個人レベルで理解している。
レベル2．頭で理解している倫理観を、社会との関わりのなかで実践できる。
レベル3．困難な状況に直面しても、倫理観を貫き通す勇気を備えている。
レベル4．率先垂範により、他者の倫理観向上を支援できる。

いうまでもなく、組織における役割と権限が増すにしたがって、倫理観

のレベルアップが求められます。新人に対しては、まず基本的な倫理教育により、「この組織における倫理」について共通認識をもたせ、全員にレベル1の倫理観を浸透させることが欠かせません。そのうえで、社会、すなわちステークホルダーとの関係に対する感度を高めながら、倫理的な行動を具体的にとることができるレベル2にまで1人ひとりが主体的に自らを高めなければなりません。さらに、倫理観が本当に問われるのは、ステークホルダーに損害を及ぼし得るような不祥事の発生など、困難に直面したときです。そのときに、逃げずに社会と向き合えるかどうかが、企業の倫理観がまさに問われる瞬間です。したがって、意思決定者は少なくともレベル3には達していないといけません。さらに、自らが倫理的であるだけでなく、組織全体のレベルアップにリーダーシップを発揮できる、レベル4の人材が経営トップにいるかいないかが組織の真の価値を決めるといっても過言ではないでしょう。

　このように、企業倫理とコンプライアンス、不正防止は密接に関連しています。
　　　　　　　　　　　　　　　　　　　　　　　　　　　　　　（甘粕）

〈関連項目〉
アルブレヒト（Q2）、不正発覚（Q84）

Q90 不正対策における内部監査・外部監査・不正検査の有効性について教えて下さい。

A

　不正対策とは、不正リスクを適切に管理する活動であり、具体的には不正リスク管理プログラムに基づく不正リスクの評価、不正の防止、発見、調査および是正措置を含みます。不正対策における内部監査・外部監査・不正検査の有効性を考えるためには、それぞれが不正リスク管理の各局面でどのような役割を果たし得るかを概観することが必要です。

　まず、内部監査人協会は内部監査を「組織体の運営に関し価値を付加し、また改善するために行われる、独立にして客観的なアシュアランス（保証）およびコンサルティング活動」と定義しています。また、同協会が定める「内部監査の専門職的実施の国際基準」においては、不正対策に係る内部監査人の役割について以下のような記述があります。

- 内部監査人は、不正のリスクおよび組織体によってそのリスクを管理する手段について評価するための十分な知識を有していなければならないが、不正の発見と調査に第一義的な責任を負う者と同等の専門知識をもつことは期待されていない（1210.A2）
- 内部監査人は、重大な誤謬、不正、法令等への違反の可能性に配慮して専門職としての正当な注意を払わなければならない（1220.A1）
- 内部監査部門は、不正の発生可能性と、いかに組織体が不正リスクを管理しているかを、評価しなければならない（2120.A2）

　これらの記述から、不正対策における内部監査の有効性は、主として組

織体の運営全般に係る不正リスクの評価を実施し、それを踏まえたリスクベースの内部監査を通じて組織体によるリスク管理の状況を独立かつ客観的にモニタリングし、不正の未然防止に寄与することで発揮されると考えることができます。不正の発見と調査については「第一義的な責任」は負わないとされていますが、専門職としての正当な注意をもって内部監査を実施する過程で、不正の発見にも貢献することが期待されているといえるでしょう。

　次に、国際会計士連盟が公表している国際会計基準240「財務諸表における不正に関する監査人の責任」（日本公認会計士協会訳）においては、不正との関連における財務諸表監査の目的として、以下の3項目があげられています。
・不正による財務諸表の重要な虚偽表示リスクを識別し、評価すること
・適切な対応を計画し、実施することにより、評価された不正による重要な虚偽表示リスクについて十分かつ適切に監査証拠を得ること
・識別されたまたは疑義のある不正に適切に対応すること
　つまり、外部監査人（公認会計士）は、会計・監査の専門家として、企業等による財務報告の信頼性確保という観点から、独立した立場で財務諸表に重要な虚偽表示をもたらす不正のリスクを評価するとともに、監査手続により不正リスク顕在化の有無を確認しそれに対処することで、不正対策に貢献する役割を担っているといえます。

　最後に、不正検査について、ACFEの不正検査士マニュアルは「不正疑惑の発端から処分に至る過程において、疑惑解明のために用いられる方法論である。より具体的には、不正検査には証拠の入手および供述の確保、報告書の作成、調査結果に対する証言、不正の発見および防止への支援がある」と定義しています。また、監査と不正検査の違いについて、以下のとおりまとめています。

	監査	不正検査
実施時期	定期的かつ連続的	具体的な不正疑惑が生じた場合
範囲	業務あるいは財務データ全般	特定の不正疑惑
目的	監査意見の表明	責任の所在の特定
相手との関係	非対立的	対立的
方法論	監査技術	不正検査技術
仮説の根拠	専門家としての懐疑心	具体的証拠

　これらの記述から、不正検査は、主として不正疑惑が発覚した後の調査・是正措置においてその有効性を発揮するという印象が強いですが、実際には「不正の発見および防止への支援」も非常に重要な役割となります。

　上記の相違点から、監査と不正検査に求められるスキルも自ずと異なりますが、現在では、内部監査、外部監査に対して不正リスクの評価、不正の防止・発見への役割期待が高まるなかで、監査人が不正検査に関する知識・スキルを備える必要性が高まっています。

　不正対策の有効性を高めるためには、組織においてどのような不正が、誰によって（どの職務において）、なぜ起きるのかについての見識と感度を高め、それをリスク評価、防止、発見、調査等に活用する必要があります。ACFEが認定する専門資格CFEは、そのような素養を備えていることの証として世界的に認知度を高めており、内部監査人、外部監査人も強い関心を寄せています。その背景には、監査人に対する不正リスク対策への役割期待の高まりがあるといえるでしょう。　　　　　　　　　（甘粕）

COLUMN

●犯罪学ってどんな学問？●

　「社会あるところ犯罪あり」といわれているが、かつていかなる社会においても犯罪は存在したのであり、われわれ人類はこれまでに何らかの方法で、犯罪の減少のために力を尽くしてきた。そして、犯罪学はまさにそのような犯罪の原因とその予防を追及する専門的な学問領域であり、人間の異常行動を説明する社会科学の1分野であるとされている。しかも、犯罪学は、当然のことながら、犯罪行動を人間行動として捉えるのであり、そのため、人間の異常行動を説明しうる理論は、同時に人間の行動一般をも説明しうる理論でなければならないという前提から出発するのである。

　このような犯罪学には、狭義の犯罪学と広義の犯罪学があり、狭義の犯罪学とは、「人間はなぜ犯罪を犯すのか」という犯罪原因論を考究する学問であり、これに対して広義の犯罪学は、犯罪原因学、刑法学、刑事訴訟学、刑事政策学、および被害者学をも含めた広い学問分野を意味するものとして定義することができる。そして、狭義の犯罪学である犯罪原因学は、「事実学としての犯罪学」として、人間行動を経験科学的に分析することにその主眼がおかれるのであり、また「存在の科学」として、経験的基礎科学と統計に基づき多様な方法と概念を駆使することによって、刑法学、刑事訴訟法学、刑事政策学、被害者学の基礎科学として、刑事法の哲学的基盤や立法趣旨を提供する学問なのである。

　また、狭義の犯罪学は、犯罪の原因として、犯罪者の「素質」を重視する立場と犯罪者を取り巻く「環境」を重視する立場に大きく分かれており、前者は「素質説」、後者は「環境説」と呼ばれている。素質説の代表者は、ロンブローゾ（C.Lombroso）であり、彼の主張した「生来性犯罪人説」によれば、犯罪者は生来的に特異な人類学的類型であり、ある一定の生物学的特徴をもつ者は、必然的に犯罪者になると主張するのである。その一方で、環境説の代表者であるフェリ（E.Ferri）は、「犯罪飽和の法則」を提唱しており、犯罪は物質的、地理的、人類学的、社会的因子の総合的産物であり、一定の社会環境に一定の人的・物的状態がともなえば、犯罪の数は一定であると主張したのである。このフェリによって体系化された環境説に基づく犯罪学は、アメリカのシカゴ学派によって「犯罪社会学」として結実するのであり、異質的接触理論、文化葛藤理論、アノミー理論、ラベリング理論といったグランド・セオリー（基礎理論：犯罪行動を80％程度証明することができる理論）を構築するまでに集大成されるのである（藤本哲也『犯罪学原論』日本加除出版、2003年参照）。

（藤本）

2．不正対策のスペシャリスト

Q91 不正対策の国際的機関である「ACFE」について教えて下さい。

1．ACFEとは？

　ACFE（Association of Certified Fraud Examiners：公認不正検査士協会）は、1988年に米国のテキサス州オースティンにおいて設立されました。設立当初は米国内だけでの活動でしたが、現在は、世界150ヶ国に5万6,000人を超す会員を有する団体として、不正防止・調査、対策において世界最先端の知識と実践的な問題解決策の提供を行っており、不正対策の専門家の育成団体として世界的な協会となっています。

　世界唯一の不正対策の専門家集団であるACFE設立の構想は、1985年に、公認会計士出身のFBI捜査官として活躍をしていたジョセフ・T・ウェルズ（Dr. Joseph T. Wells）と、旧知の間柄であった米国犯罪学の第一人者ドナルド・R・クレッシー（Dr. Donald R. Cressey, 1919-1987）との会話のなかから生まれました。当時の不正捜査は、調査のノウハウをもたない会計士と、財務会計知識に乏しい捜査官によって行われていましたが、それぞれのキャリアを積んだウェルズ氏は、両者の強みを兼ね備えた人材こそが将来の不正対策のエキスパートになり得るという考えのもと、クレッシー氏の提唱する不正のトライアングルという不正発生の心理面にも着目し、それらの要素を兼ね備えたユニークなキャリアとして、CFE（Certified Fraud Examiner：公認不正検査士）資格を創設しました。そのCFE資格を認定する団体としてACFEが設立されたのです。

2．ACFEの組織概要

Association of Certified Fraud Examiners（ACFE）本部

住　所　　　The Gregor Building 716 West Avenue, Austin, TX 78701-2727 USA（米国テキサス州オースティン）

URL　　　　http://www.acfe.com/

設　立　　　1988年

会員数　　　約56,000人（150カ国以上に分布）、うちCFE約30,000人
　　　　　　【日本での会員数】個人会員850名以上、法人会員約50社

（2011年6月現在）

3．ACFEの活動

　ACFEは、会員に対してCFE（Certified Fraud Examiner：公認不正検査士）という専門家としての認証を取得する機会を提供することを通じて、会員が能力を向上させ、不正対策の分野におけるリーダーとして自らを位置づけられるように支援をしています。

　ACFEは、現在、世界中に100以上の支部（local chapters）を有しており、それらの支部を通じて会員同士の交流の機会やセミナーなどの教育機会を提供しており、世界的な規模で不正対策に関するトップレベルのトレーニングを提供しています。

　また、ACFEの活動はアカデミックな分野にも及んでおり、全米を中心とした高等教育機関において不正対策講座の設置が進んでおり、現在391校（2011年6月現在）が不正対策の教育に取り組んでいます。

　このような流れを受け、ACFEでは、AICPA（米国公認会計士協会）と共同でIFP（不正防止協会）という協会を設立しており、不正対策の分野において際立った研究や活動を行った大学など、教育機関や研究者に対して助成金を出すなど、その活動を支援しています。　　　　（脇山）

Q92 「ACFE」が認定している「CFE」とはどのような資格ですか？

A

　CFEとは、Certified Fraud Examinerの略号で、日本語名は公認不正検査士です。不正リスク対策における世界唯一の国際資格であり、世界的な不正対策の協会であるACFEが厳正な基準により認定しています。

　CFEは、組織や個人そして社会全体に多大な損失をもたらす不正行為のリスクを識別・評価し、不正の防止、発見、調査、是正措置という不正リスクのサイクルを有効に管理する知識とスキルを備えたエキスパートの証として、世界の経営者、管理者、監査人に注目されています。

　現在、世界150カ国に3万人以上のCFE資格者が不正リスクと闘っていて、日本でも、約580名のCFEが活躍しています（2011年6月現在）。

　ACFEが設定する厳しい認定基準をクリアしたCFE資格者は、不正対策のあらゆる分野に高い専門知識を備えているプロフェッショナルとして、多発する会計スキャンダルにより、官民を問わず世界中の組織から従来以上にその能力の必要性が高まっています。

1. CFEの活動領域

　CFEの知識体系は、従来の監査とは異なり、不正リスクに対する独自の観点から形成されているため、不正リスク評価と対応の能力向上が求められるCPA、CIA、CISAなどの監査エキスパートが、CFEの取得により自らの職業領域における優位性を向上させています。さらに、コンプライアンスやCSRへの要請が高まり、不正リスク対応の巧拙が企業価値に直結する時代のなかで、CFEとしてのキャリアは不正の発見、調査という

限られた領域から、経営者や現場のマネージャー層まで、組織の不正リスク管理を担うあらゆるポジションへと広がっています。

2．CFEのスキル

CFEは、不正対策のエキスパートとして以下の4分野に焦点をあて、専門的な知識の習得が求められています。

「会計」（財務取引と不正スキーム）…不正は如何に実行・隠蔽されるか
「法律」（不正の法的要素）…どのような法的側面に留意すべきか
「調査」（不正調査）…不正疑惑をどう解明するか
「犯罪学」（犯罪学と倫理）…人はなぜ不正を犯すのか、不正を防ぐ方法

上記の独自のスキルセットを備えたCFEは、米国を初め世界各地で不正の防止、発見、疑惑の解明に貢献し、不正の発生原因やスキームという観点にも着目してリスクの評価、対応を行っています。

3．CFEに必要な具体的な能力

- 不正実行の手法および発見方法の解明
- 不正リスク要因（動機・機会、正当化）への理解
- 不正な取引検出のための帳簿、記録の精査
- 情報収集能力と調査技法
- 効果的なインタビュー手法による面接スキル
- 的確な調査報告書作成技術
- 調査結果に基づく助言
- 裁判における証言能力
- 不正の動機をもたらした根本的な要因への犯罪心理に基づく理解

（脇山）

Q93
CFEが問題解決にあたった具体的な事例はありますか？また、CFEに対する需要が拡がる具体例を教えてください。

A

1．著名な事件でCFEが活躍した事例
● ワールドコムの会計不正事件

　米国史上最悪となったワールドコムの会計不正事件を解明したのは、CFEであるシンシア・クーパーでした。彼女は元エンロンのシャロン・ワトキンズ、そしてFBIのコーリン・ローレイとともにそれぞれ自身の職場での不正を世に暴き出した「ヒロイン」として、TIME誌の2002年度「今年の人物（Person of the Year）」に選ばれています。

　現在、彼女はACFE本部のBored of Regents（2011-2012評議会）のChairmanとして後進の育成に努めています。

● コインゲート事件

　2005年、共和党に多額の寄付をしていた政商トーマス・ノー氏が、オハイオ州労災補償局から運用を受託した労災保証金約1,300万ドルを共和党への寄付金に流用した事件がスクープされました。コインゲート事件として世間の注目を集めたこの事件の捜査において、スコット・クラークとエミー・ニューマンを含む6人のCFEが不正解明に重要な役割を果たしています。

● 米ナスダック元会長によるポンジースキーム事件

　米ナスダック元会長バーナード・マドフ氏による巨額投資詐欺事件で、早い段階から詐欺の可能性をSECに警告していたのは、CFE資格をもつハリー・マルコポロスでした。2009年2月4日米下院金融サービス小委員会で彼は「彼ら（SEC）に史上最悪のポンジー詐欺の情報を何度も提供し

たが、彼らはナスダック会長という肩書きに惑わされ、最後まで徹底的かつ適切な調査を実施しようとはしなかった」と証言しました。

その他、CFEは世界中で不正問題の解決およびその原因究明に取り組んでおり、これまでに2万件を超す問題解決に関与してきている。

2. 高まるCFEへの需要

- 2006年2月、GAO（米国政府会計検査院）は、CFEをフォレンジック監査・特別調査部門（Forensic Audits and Special Investigations Unit, FSI）所属職員の必須資格に指定
- 2006年4月、FBI（米国連邦捜査局）は、多角的戸区別捜査官採用サブ・プログラム（Diversified Special Agent Hiring Subprogram）のもとで、CFE資格を重要なスキルとして公式に認定。
- 2006年10月、DoD（米国国防総省）は、同省の規定においてCFEを国防総省会計専門職のための資格として認定することを公式に発表（(a) Title10 United States Cord（USC），Section1599d3.4,5）。
- 2007年5月、RCMP（カナダ王室騎馬警察）が、CFEを警察内の不正捜査官のための公式資格として正式に認定。

その他、米国では2006年から法執行パートナーシップ・プログラムという、米国内の法執行機関に対するCFE資格所得のための特別プログラムが導入されており、上記、GAO、FBI、DoDのほかに、証券取引監視員会や、内務省監査捜査局など、24機関がこのプログラムの導入のもと、自組織内でCFEの育成を進めています。 　　　　　　　　　（脇山）

Q94 CFE資格の取得要件を教えてください。

1. CFE資格試験

①受験要件の充足

CFE試験を受ける前に、まず受験要件を充足させる必要があります。受験要件としては、

（1）ACFEの会員であること。
（2）学歴や不正対策の関連実務の経験年数を換算した資格点数が40点以上あること。

があります。したがって、ACFEに入会する前段階での受験はできません。会員は、個人会員でも法人会員でも、どちらでも構いません。

また、資格点数に関しては、学士号で40点が付与されるので、大学を卒業していれば、資格点数の要件はクリアしていることになります。ただし、大学を卒業していなくても、実務経験年数1年につき5点、あるいは、関連専門資格をもっていれば1資格につき10点など、点数の算出基準が定められています。詳しくは、ホームページ（http://www.acfe.jp/）でご参照ください。

②CFE資格試験の概要

CFE資格試験は、日本においては年に2回（春、秋）実施されます。試験科目は、CFEのキャリアを構成する4分野において専門知識が問われます。

- 会計知識（財務取引と不正スキーム）
- 法律知識（不正の法的要素）

- 調査知識（不正調査の技術）
- 犯罪学知識（犯罪学と倫理）

　これら4分野において、初回受験を含めて連続する3回の受験期間内で4科目すべてに合格しなければなりません。

　たとえば、春に実施された最初の試験で会計と法律は合格したものの、調査と犯罪学が不合格になってしまった場合、次回（秋）受験あるいは、次々回（春）受験までに残りの2つ（調査と犯罪学）に合格しなければならないということになります。

　なお、最初の試験は原則4科目すべてを同時に受験しなければなりません。

③CFE資格合格後

　4科目の試験合格後は、ACFE本部の認定委員会で合格審査が行われます。その際、以下の書類をACFEJAPANを通じて本部に提出します。
- CFE資格認定申請チェックリスト（Webサイトよりダウンロード）
- 資格点数40点以上の証明書類の添付
- 2年以上の不正対策関連業務経験を記述した職務経歴書
- 試験合格証の写し
- 申請者の顔写真（パスポート用サイズ）
- 同僚や上司など自分をよく知る人物3人からの推薦状

　この審査期間に通常1〜2ヵ月程度かかります。本部の審査を終えれば晴れてCFE資格取得となります。

　なお、CFE資格は取得後も継続的専門教育（CPE）の対象になっているので、1年ごとの会員期限の更新月ごとにCPEポイントの提出が義務づけられています。

（脇山）

オンラインによる情報収集のサイト

〈具体的な情報源の例〉
―無料の情報源―

■EDINET（エディネット）

URL：http://info.edinet-fsa.go.jp/

有価証券報告書等の開示書類の電子開示システム。金融商品取引法に規定される開示書類（有価証券報告書等）の閲覧ができる。

■IPDL特許電子図書館

URL：http://www.ipdl.inpit.go.jp/homepg.ipdl

企業・個人が保有する知的財産権を確認。明治以来発行されている約7,100万件の特許・実用新案・意匠・商標の公報類および関連情報を確認できる。

■インターネットアーカイブ

URL：http://www.archive.org/web/web.php

ある時点において収集されたウェブページのコピーが記録されている。指定URLの更新前（過去）の掲載内容が確認できることから、調査対象の取扱商品やサービスの移り変わりなどを過去にさかのぼり確認できる。

■AGUSE

URL：http://www.aguse.jp/

HPの安全性を把握するための管理者情報の他、関連情報が確認できる。また、受信したメールの経由地、プロバイダ情報を把握。サイトのURLや、受信したメールのメールヘッダーを入力することにより、関連する情報を表示する。

―有料の情報源―

■企業関連情報データベース 日経テレコン21/ G-Search など

URL：http://t21.nikkei.co.jp/ （日経テレコン21）

URL：http://db.g-search.or.jp/ （G-Search）

各種企業関連情報が掲載されているオンラインデータベースサービス。企業情報のほかに新聞・雑誌記事情報、人物情報の閲覧が可能。

■登記情報サービス

URL：http://www1.touki.or.jp/

商業登記や不動産登記など、登記簿に記録されている登記情報が入手可能。

■官報情報検索サービス

URL：http://kanpou.npb.go.jp/search/introduce.html

官報（本紙、号外、政府調達公告版、資料版、目録）をインターネットで検索できる会員制サービス。個人・企業の破産情報が入手可能。

■判例検索

URL: http://www.lexisnexis.co.jp/campaign.html （LexisNexis JP）

日本法判例が検索できるオンラインデータベースサービス。最高裁判所で公開された判例および、民事・刑事判例集で公開されている判例約24万8千件（2011年8月現在）を集録。原告、被告、被告人等の約3割が実名で公開されている。

■住宅地図サービス

URL: http://business.nifty.com/zenrin/ （ゼンリン住宅地図サービス）

日本全国の住宅地図がオンラインでダウンロードできるサービス。画面表示、FAX出力、データダウンロード、出力範囲が選択可能。

主な参考文献

辻井重男監修、萩原栄幸編集責任、デジタル・フォレンジック研究会編『デジタル・フォレンジック事典』日科技連、2006年。

鳥羽至英・八田進二・高田敏文訳『内部統制の統合的枠組み―理論篇』白桃書房、1996年。(The Committee of Sponsoring Organizations of the Treadway Commission (COSO), *Internal Control: Integrated Framework,* 1992 and 1994)

日本公認不正検査士協会編『不正検査士マニュアル(日本版2010年改訂版)』2010年。

八田進二監訳、中央青山監査法人訳『全社的リスクマネジメント―フレームワーク編』東洋経済新報社、2006年。(The Committee of Sponsoring Organizations of the Treadway Commission (COSO), *Enterprise Risk Management: Integrated Framework,* COSO, 2004)

八田進二・藤沼亜起監訳、ACFE JAPAN訳『企業不正対策ハンドブック―防止と発見―〈第2版〉』第一法規、2009年。(*Joseph T. Wells, Corporate Fraud Handbook: Prevention and Detection,* 2nd Edition, John Wiley & Sons International Right, Inc., 2007)

不正リスク管理実務ガイド検討委員会・委員長八田進二編『企業不正防止対策ガイド』日本公認会計士協会出版局、2009年。

Albrecht, W. S., K. R. Howe and M. B. Romney, *Deterring Fraud: The Internal Auditor's Perspective,* The Institute of Internal Auditors Research Foundation, 1984.

Donald R. Cressey, *Other People's Money: A Study in the Social Psychology of Embezzelement,* Wadsworth Publishing Company, Inc., 1971.

IIA・ACFE・AICPA, *Managing the Business Risk of Fraud: A Practical Guide,* 2008. (不正リスク管理実務ガイド検討委員会・委員長八田進二編「企業不正リスク管理のための実務ガイド(翻訳)」『企業不正防止対策ガイド』日本公認会計士協会出版局、2009年、第3部所収)

Paul B. Weston, P. B. and K. M. Wells, *Criminal Investigation: Basic Perspectives,* 4th, Longman Higher Education, 1986.

【監修者】

八田　進二（はった　しんじ）
　青山学院大学大学院会計プロフェッション研究科長、教授、公認不正検査士
　日本公認不正検査士協会評議員会副会長、金融庁企業会計審議会委員（内部統制部会部会長）、会計大学院協会理事長、一般財団法人会計教育研修機構理事等。

【編　者】

一般社団法人 日本公認不正検査士協会
ACFE（Association of Certified Fraud Examiners）JAPAN

　1988年に米国で設立されたACFEは、不正対策分野における世界のリーダーとして、世界150ヶ国におよそ5万6千人の会員を擁しており、世界最先端の知識と実践的な問題解決策の提供を通じて、組織内の不正防止・早期発見に取組めるよう支援している。日本では、2005年4月にリスクマネジメント・コンサルティング会社の株式会社ディー・クエストが事務局となり、任意団体としてACFE JAPANが発足。その後、会員の増加により、2007年12月、中間法人日本公認不正検査士協会として法人化。さらに翌2008年12月には、中間法人法の改正により現在の一般社団法人日本公認不正検査士協会として、社団法人となる。
　本国米国では、2006年にGAO（会計検査院）のフォレンジック監査・特別調査課、FBI、国防総省などの連邦政府機関において、不正対策担当部署への人材登用の基準として、公式にCFE資格が認定されている。
　リスクマネジメントの先進国である米国で生まれたCFE資格（公認不正検査士）は、公認会計士や内部監査人、リスクコンサルタント、さらには弁護士、警察関係者など、不正対策に関わるあらゆるプロフェッショナルから注目されており、現在、世界に冠たる有名企業が自社内でCFEの育成に力を入れている。

〒103-0028東京都中央区八重洲1-5-3　不二ビル2階
Tel: 03-5201-8880　　http://www.acfe.jp/

（検印省略）

平成23年10月15日	初 版 発 行	
平成24年 2 月20日	初版2刷発行	略称：不正QA

企業不正対応の実務Q&A

監修者　八　田　進　二
編　者　一般社団法人 日本公認不正検査士協会（ACFE JAPAN）
発行者　中　島　治　久

発行所　同 文 舘 出 版 株 式 会 社
　　　　東京都千代田区神田神保町1-41　〒101-0051
　　　　営業 (03) 3294-1801　　編集 (03) 3294-1803
　　　　振替 00100-8-42935　　http://www.dobunkan.co.jp

©ACFE JAPAN　　　　　　　　　　　製版　一企画
Printed in Japan 2011　　　　　　　印刷・製本　三美印刷

ISBN978-4-495-19701-8

本書とともに

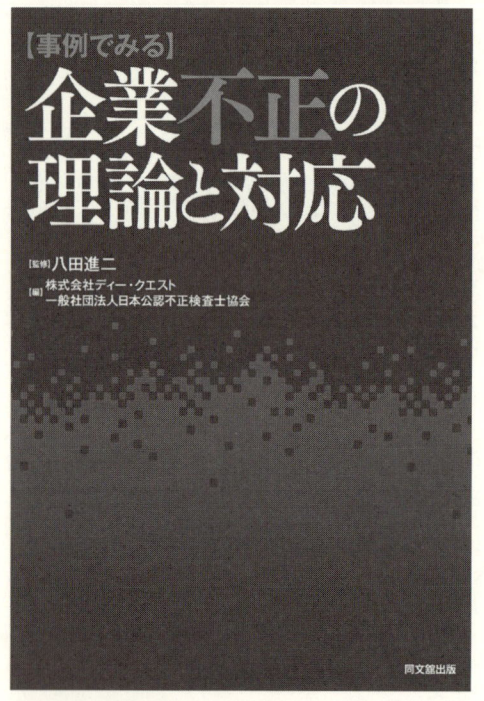

【事例でみる】
企業不正の理論と対応

[監修] 八田進二
[編] 株式会社ディー・クエスト
一般社団法人日本公認不正検査士協会

同文舘出版

八田進二 監修
株式会社ディー・クエスト 編
一般社団法人 日本公認不正検査士協会 編

A5判　228頁
定価（本体1,800円＋税）

同文舘出版株式会社